KB264034

멘토의 국어 수업 문학

전국국어교사모임과 함께하는
멘토의 국어 수업: 문학

초판 1쇄 발행 2026년 1월 15일

지은이   김병섭 김윤형
펴낸이   이영선
책임편집   김선정

편집   이일규 김선정 김문정 김종훈 이현정 조유진
디자인   김회량 위수연
독자본부   김일신 손미경 정혜영 김연수 김민수 박정래 김인환

펴낸곳 서해문집 | 출판등록 1989년 3월 16일(제406-2005-000047호)
주소 경기도 파주시 광인사길 217(파주출판도시)
전화 (031)955-7470 | 팩스 (031)955-7469
홈페이지 www.booksea.co.kr | 이메일 shmj21@hanmail.net

ⓒ 김병섭 김윤형, 2026
ISBN 979-11-94413-81-3 04370
ISBN 979-11-94413-77-6 (세트)

전국국어교사모임과 함께하는

멘토의 국어 수업 문학

감정과 찰떡같이 붙는
시·소설 수업 라이브

김병섭 김윤형
지음

서해문집

그러니까 이 책은 공주에서 피어올랐습니다

그동안 전국국어교사모임(전국모)이 열어준 공부 자리를 참
많이도 찾아다녔습니다. 그곳에서 만난 눈 맑은 선생님들과
함께 나눴던 이야기는 강물처럼 흘러들어 우리를 적셨습니다.
그곳에서 얻은 살뜰한 배움은 힘든 순간마다 샘물처럼 솟아올라
아이들을 다시 만나게 하는 기운이 되었습니다. 2023년 1월의
전국모 겨울 연수도 그랬습니다. 공주의 구도심을 가르는
제민천 가에서 만난 선생님들은 생기가 넘쳤습니다. 돌림병의
지난한 시간이 이런 배움의 자리를 더욱 갈망하게 했을까요?
어느 때보다도 뜨거웠던 그날의 열기는 지금 돌이켜봐도
대단했습니다. 국어 수업 하나만으로도 선생님들의 이야기는
멈출 새가 없었습니다. 분명 우리는 서로를 향해 있었습니다.
연수를 마치고 눈 쌓인 부소산성 길을 걸으며 우리가 만난
선생님들의 눈빛을 떠올렸습니다. 이들을 위한 내비게이션과
같은 안내서가 있으면 좋겠다 싶었습니다. 그래서 지역 모임으로
돌아가 현장의 선생님들과 함께 그동안 국어 수업을 하며 품었던

궁금증을 차곡차곡 쌓아 올렸습니다. 그리고 그 질문의 꼭대기에 거뜬히 올라 우리의 멘토가 되어줄 선생님들을 수소문했습니다. 이렇게 전국모가 낳은 내로라하는 고수들에게 2년여를 묻고, 묻고, 또 물어 얻은 대답이 《멘토의 국어 수업》입니다.

그러니까 이 책은 공주에서 피어올랐습니다. 더 나은 국어 수업을 향한 수많은 마음이 이 책을 낳은 것입니다. 그래서 이 책의 내용은 화법, 작문, 독서, 문학, 매체, 문법 등 영역을 가리지 않고, 결국 '어떻게 더 나은 국어 수업을 할 수 있을까?'로 수렴됩니다.

국어 수업에 막 발을 들여 앞길이 막막할 때, 어느 순간부터 수업이 막혀 고민이 깊어질 때, 지금까지의 수업을 한 단계 더 끌어올리고 싶을 때, 여기 실린 멘토들의 귀한 대답이 길을 밝혀줄 것입니다. 이론과 실제를 넘나들기에 이 책은 국어 수업을 관통하는 철학서이자, 교실에서 바로 활용 가능한 실용서라 할 수 있습니다. 이 책을 통해 많은 선생님이 전국모를 대표하는 멘토들을 곁에 두고, 언제든 쉽게 만날 수 있기를 바랍니다.

밤낮으로 애쓴 글쓴이들과 서해문집 출판사가 있어 이 아름다운 책이 세상에 나왔습니다. 깊이 감사드립니다.

경기국어교사모임 회장 김형태
연수국장 김선산

선생님이 아름다운 정년을 하셨으면 좋겠습니다

이 책의 머리말을 읽고 계신 선생님은 분명 좋은 수업에 대한 욕망이 있는 분이시겠지요. 재미있고 의미 있는 수업, 통찰을 통해 성찰에 이르는 수업, 자신의 감정을 이해하고 타인의 감정에 공감하는 수업, 경쟁의 효율을 경계하되 성장의 효율을 시도하는 수업, 학생들의 몰입을 이끌어서 교사가 지치지 않는 수업을 도모하는 분이시겠지요. 이런 욕망을 가지고 계신 선생님은 많지 않고, 이런 욕망을 직접 시도하는 선생님은 흔치 않고, 이런 욕망과 시행착오를 따라 이 책의 머리말까지 닿은 선생님은 정말 귀합니다. 귀하신 선생님이 우리의 학교에는 더 필요합니다. 저는 선생님이 우리의 학교에 더 머물러주시면 좋겠습니다.

인공지능 시대입니다. 그래서 더, 인간지능이 중요한 시대입니다. 원래부터 지식은 대답의 나열이 아니었지만, 지금부터 지식은 더 질문과 대답의 연쇄여야 할 듯합니다. 그래서 더, 인간감정이 중요한 시대입니다. 지식을 생산해내는 인간은 먼저 몰입해야 하기 때문입니다. 학생들의 몰입을 실현하는 수업의 키워드는

먼저 '감정'일 것입니다. 그리고 '개인'과 '경쟁'을 더할 수
있겠지요. 이것이 학생들의 몰입, 그러니까 학생들의 동기와
계기를 마련하는 씨앗이 될 것이기 때문입니다.

인공지능 시대에 맞추어 학교라는 구조도 변하겠지요. 교사는
이제 교실의 맨 앞에서 교실의 맨 뒤로 이동할 것입니다.

산업화 시대의 교실은 교사라는 정답을 학생들이 바라보는
구조였습니다. 인공지능 시대의 교실은 학생들의 다양한
해답들을 교사가 바라보는 구조로 변할 것입니다. 모니터라는
개인화된 첨단의 칠판에 학생들이 몰입하는 사이, 교사는 학생의
곁에서 안내하고, 관찰하고, 지원하고, 응원하는 것이지요.

혹은 전국의 학교에 인공지능 부스가 신설될지도 모르겠습니나.

산업화 시대에 지필평가가 널리 중용되었던 것은 그것만이
병렬식 평가가 가능했기 때문이었습니다. 공통의 조건을
갖추기만 하면, 이론적으로는 80억 명을 동시에 평가하는 것도
가능했습니다. 그러나 인공지능 시대에는 학생들이 인공지능과
나누는 질문과 대답과, 그 대답에 대한 질문과 대답과,
또 그 대답에 대한 질문과 대답이 모두 관찰과 훈련과 평가의
대상이 될 것입니다.

이러한 인공지능의 시대여서 더욱, 이 책의 머리말을 읽고 계신
선생님이 정년을 하셨으면 좋겠습니다. 인공지능의 시대에

인간지능의 성장을 도모하는 수업은 결국 선생님처럼 좋은 수업에 대한 욕망이 있는 분들이 고민할 것이기 때문입니다. 교실에서 교사의 위치가 이동하고, 인공지능 부스가 신설되고, 학생 평가의 방식이 새롭게 바뀐다고 해도, 수업을 설계하고 진행하며 학생의 성장을 도모하는 것은 결국 선생님과 같은 교사일 것이기 때문입니다. 첨단의 인공지능 시대에도 교육의 질은 교사의 질을 넘어설 수 없기 때문입니다.

이 책이 선생님이 아름다운 정년을 하시는 데 도움이 되기를 바랍니다. 이 책에 담긴 고민과 시도와 결론들이, 선생님이 지치지 않고 학생들 안에서 행복하게 지내시는 어느 하루, 어느 한 시간을 만드는 데 도움이 되기를 간절히 바랍니다. 정말 그럴 수 있다면, 이 책을 만드는 동안의 노고가 가볍게 날아갈 듯합니다. 부디 그러하기를 간절히 바랍니다.

김병섭·김윤형 함께 올림

차례

INTRO 대담: 문학의 쓸모를 다시 묻다 · 14

문학의 쓸모, 개념과 감정

문학의 재료, 재미와 현실

경쟁, 개인, 감정… 문학이 가치를 전할 수 있다면

비평과 창작, 질문을 따라가며 길 찾기

고전문학, 당대 독자의 감각을 현대 독자의 감각으로

수업 실패, 100번의 실패를 해야 한다면 빨리 겪자

지치지 않으려면, 쉬고 비우고 '나'를 돌보기

INTRO Chef

문학의 쓸모를
다시 묻다

멘토: 김병섭

문학의 쓸모)

개념과
감정

지금의 제가 가르치고 싶은 것은 무엇보다 문학의 '쓸모'입니다.
사실 3년 전까지는 아니었어요. 그전까지 제가 단연 으뜸으로 꼽은
것은 문학의 재미였죠. 재미가 쌓여서 의미가 된다고 믿었거든요.
문학의 재미를 넓고 깊게 체험할 수 있다면 문학의 의미까지 전해질
수 있지 않을까 싶었죠. 내가 느낀 소설의 재미를, 내가 사랑하는
시의 재미를 어떻게 하면 진하게 전할 수 있을까? 어떻게 하면 나와
만난 학생들이 문학을 즐거워할 수 있을까? 내가 사랑하는 문학을
학생들이 함께 재밌어하며 마침내 사랑하는 모습을 보는 것. 그것이
그 어떤 평가나 입시의 결과보다 제가 바라던 것이었죠. 그러나

지금은 아닙니다. 지금 제가 무엇보다 가르치고 싶은 것은 문학의 쓸모예요.

저는 지금 특성화 고등학교에서 근무하고 있어요. 조리, 미용, 패션을 배우는 학생들이죠. 8학급이고, 각 학급에 20명 내외의 학생이 있어요. 두 시간씩 8학급에 들어가는데, 과마다 수업과 교사에 대한 태도가 달라요. 학생들의 수준도 체력도 열의도 달라요. 그런데 공통적인 것은, 자신에게 쓸모가 없다고 여기면 그냥 돌아서는 태도더군요. 이들을 만나면서 문학의 쓸모에 대해 생각했어요. 대체 이 학생들에게 문학이란 교과는 무슨 소용이 있을까?

조리 시간에 불과 재료를 다루는 것이나 미용 시간에 펌과 로트를 다루는 것, 패션 시간에 도안과 재봉을 다루는 것처럼 명확하게 눈앞에서 자신이 애쓴 결과를 확인할 수 있는 것. 문학에서는 이것이 어떻게 가능할까요? 특성화 고등학교에서 3년 동안 시도해본 결과, 저에게 문학의 쓸모란 '개념'과 '감정'이었어요.

'개념'은 정말 유용한 '언어의 공구工具'라고 할 수 있어요. 마치 망치나 톱, 드라이버, 줄자 같은 것들처럼요. 학생이 어떤 개념의 의미를 이해하고 그 사례를 분석하고 자신의 상황에 적용할 수 있다면 그 학생의 언어 능력은 대단히 성장할 거예요. 망치와 톱, 드라이버와 줄자를 능숙하게 사용해 단번에 책상과 의자를 뚝딱 만들어낼 수 있는 것처럼 말이죠.

제가 만난 고등학생들은 특히 '사랑'이라는 개념에 매력을 느끼는 듯해요. 학생들은 대부분 사랑을 동경했어요. 사랑을 시작했고, 사랑을 기다렸고, 사랑에 아파했고, 사랑을 끝냈죠. 그런데도 사랑이 언제 시작하고 언제 끝나는지, 사랑의 최대 조건과 최소 조건이 무엇인지 궁금해했어요. 사랑받고 사랑하고 싶은데 정작 사랑이 뭔지 물어보면 대답하지 못했어요.

아마도 사랑에 대해 누군가와 진지하게 대화를 나눠본 적이 없기 때문이 아닐까 싶어요. 사랑이라는 개념에 직면해서, 자신의 생각과 감정과 경험을 눈앞에 두고 깊이 이야기를 나눠본 적은 없었던 것 같아요. 누가 누가 사귄대, 100일 기념으로 뭐 했대, 싸웠대, 미친 거 아냐? 어떻게 그럴 수 있어? 야 당장 헤어져! 등등 사랑 이야기에 극적으로 반응하는 말들은 하루에도 몇 번이고 내내 했지만, 사랑 그 자체에 대해 묻고 답하는 대화는 해본 적이 없어요. 반응만 있고 질문은 없었던 것이죠. 그러니까 이런 질문들요. 너에게 사랑이란 뭐야? 사랑은 언제 시작하는 거야? 사랑은 언제 끝나는 거야? 사랑과 그리움은 뭐가 달라? 사랑의 조건은 뭐야? 너의 사랑은 로봇의 사랑과 뭐가 달라?

또 학생들은 '성장'에 대해서도 내내 궁금해했어요. 성장에 대한 열망은 거의 모든 학생에게 있었어요. 문제는 자신이 무엇을 잘하고 싶어 하는지, 무엇을 잘하고 있는지, 무엇을 잘해야 할지 아는 것이 없다는 것이죠. 알아본 적도 없고요. 예전보다 진로 교육 시간은 많이 늘었지만 뭔가 허망해 보였죠. 모두가 10대 청소년에 대해 이야기해요. 하지만 '나'에 대해서는 묻지 않죠. 10년 후의 세상을 이야기하지만 '나'의 10년 후를 묻지는 않죠. 그런 질문을 아예 안 한다는 것이 아니라, 그 전에 물어야 할 질문을 하지 않는다는 거예요. 너는 지금 어떠니? 너는 지금 무엇을 욕망하고, 무엇을 질투하며, 무엇을 동경하니? 무엇에 상처받고, 무엇에 상처 주며, 무엇을 기다리니? 물론 이는 근본적으로 타인의 문제가 아니라 학생 자신의 문제예요. 그 누구보다 학생 자신이 자신에 대해 먼저 물어야 했던 것들이니까요. 학생들은 대부분 진짜 자신의 욕망과 불안을 직면한 적은 없는 것 같아요. 릴스와 쇼츠와 틱톡의 숲으로 피해버릴 뿐이죠. 누군가가 정말 성장하고 싶다면 결국 이 질문에서 시작해야 해요. 그러니까 내가, 정말로, 원하는 게, 뭐지?

그래서 소설 수업을 하면서 사랑과 성장이라는 개념에 대해 이야기했어요. 이순원 작가의 〈19세〉로 어른의 기준을 이야기하고, 레스터 델 레이 작가의 〈헬렌 올로이〉로 사랑의 조건에 대해 이야기했어요. 김소진 작가의 〈자전거 도둑〉으로 치유되지 않은 상처가 어떻게 행복을 가로막는 함정이 되는지 이야기하고, 이강백 작가의 〈파수꾼〉으로 가스라이팅과 스릴러의 구조에 대해 이야기했어요.

문학의 쓸모 두 번째로, 저는 학생들이 문학을 통해 '감정'을 제대로 배우고 다루기를 바랐어요. 그래서 감정으로 시작하는 시 수업을 진행했죠. 윤동주 시인의 〈돌아와 보는 밤〉으로 울분을 배우고, 〈쉽게 씌어진 시〉로 위로를 배웠어요. 황인숙 시인의 〈봄눈 오는 밤〉으로 예쁨과 아름다움과 사랑스러움이 어떻게 다른지를 배우고, 최영미 시인의 〈선운사에서〉로 그리움을 배웠어요. 김소월 시인의 〈산유화〉로 외로움과 고독함을 배우고, 정약용의 한시 〈보리타작〉으로 성취감을 배웠죠.

저는 결국 문학 수업을 통해 학생들이 사랑이나 성장 같은 개념을 좀 더 잘 다루고, 자신의 감정을 이해하고 타인의 감정을 공감하는 네 도움이 되기를 바라요. 한 사람을 향한 자신의 생각과 감정이 어디까지가 사랑이고 어디까지가 집착이며 어디서부터 폭력이 되는지, 한 목표를 향한 자신의 생각과 감정이 어디까지가 성장이고 어디까지가 변명이며 어디서부터 욕망이 되는지 자신을 가늠하는 데 도움이 되기를 바라요. 또 지금 자신의 말과 행동이 어떤 감정에서 비롯된 것인지, 그 감정의 밑바닥에는 어떤 욕망과 상처가 자리한 것인지, 격분하지 않고 잠시 멈춰서 자신을 돌아보고 타인을 들여다보는 데 도움이 되기를 바라요.

그렇게 우리가 함께 배운 개념과 감정이 자신을 마주하는 언어의 공구로서 유용하길 바라요. 그래서 자신이 사랑하는 연인이나 믿을 수 있는 동료를 만났을 때, 서로에게 솔직하고 명확하게 질문할 수 있기를 바라요. 서로의 사랑과 성장에 대해, 서로의 감정과 고통에 대해 질문과 대답을 나누면서 서로 더 깊이 이해하기를 바라요. 나아가 무엇보다 그 대화들이 무척 재미있기를 바라요. 부디 학생들이 제 수업을 떠나서도 그 재미를 계속 누렸으면 좋겠어요. 그리하여 마침내, 문학 수업을 통해 배운 개념과 감정으로 학생들이 돈을 벌 수 있었으면 좋겠어요. 제가 만나는 학생들은 조리, 미용, 패션을 배워요. 예쁘고 아름답고 사랑스러운 것들을 만들어내는 사람들이죠. 물성을 다루는 기술을 배우지만 결국 감정을 다루는 감성 없이는 돈을 벌기 어려운 업종이죠. 우리 학생들이 서로 사랑하고 성장하면서 돈을 벌기를 바라요. 가능하다면 많이 벌었으면 좋겠어요. 그렇게 즐겁고 멋지게 돈을 버는 데 문학 수업이 도움이 된다면, 우와⋯ 정말 바랄 게 없어요.

"모두가 10대 청소년에 대해
이야기하지만 '나'에 대해서는
묻지 않죠. 정말 성장하고 싶다면
결국 이 질문에서 시작해야 해요.
그러니까 내가, 정말로,
원하는 게, 뭐지?"

문학의 재료,

INTRO 대담

재미와 현실

문학 수업을 준비할 때 흔히 교사용 지도서 같은 정형화된
자료에 많이 의존하게 되는 것 같습니다. 선생님께서는 주로
어떤 자료에서 영감을 얻으시는지, 또 그 자료를 어떻게
활용하시는지 궁금합니다.

저는 일단 재미있는 재료를 구하려고 해요. 그건 먼저 나 자신부터
삶을 최대한 재미있게 즐기는 것에서 시작하죠. 세상에 재밌는
게 얼마나 많아요. 영화, 소설, 역사, 과학, 수학, 우주, 경제, 창업,
자기계발, 농구, 축구 등 제 곁에 있는 것들의 재미를 최대한 즐기려고
애쓰고 있어요. 누군가에게는 참 지겨워 보이는 교과서 글들도 한때
누군가에게는 정말 미친 듯이 재밌었던 작업의 결과물이죠.
그렇게 재밌는 것을 즐기다 보면 남들이 재미있어하는 것도
보이더라고요. 그걸 조금씩 따라 하다 보면 가끔은 저도 그 재미에

푹 빠지기도 하고요. 그렇게 재미의 영역을 확장하다 보면 열에

하나 정도, 학생들이 재밌어하는 것들과도 만나게 됩니다. 그럼 좋은

재료가 준비된 것이죠.

예를 들면, 레스터 델 레이의 단편소설 〈헬렌 올로이〉가 그래요. 제가

원래 어릴 때부터 SF 소설을 참 좋아했는데, 학생들과 재미있게 읽을

만한 SF 단편소설을 찾다가 발견한 작품이에요. 인공지능 로봇이

사랑을 고백하는 내용으로, 인공지능에 대한 이야기이자 결국

사랑과 인간에 관한 이야기죠. 학생들도 궁금해하고 신기해하는

인공지능에 대해 이야기하다가 어느새 돌아보면 우리가 함께

사랑에 대해, 인간에 대해 이야기하게 되는 작품이죠. 수업하다

보면 학생들도 스스로 놀라요. 자신들이 인간과 사랑과 문명에 대해

이야기를 하고 있다는 것, 그 자체로 놀라워서요. 대부분 이런 주제로

진지하게 대화를 나누는 건 처음이거든요.

혹은 반대 방향도 있어요. 학생들과 꼭 수업해야 할 작품이

있는 경우, 그 작품 안에서 학생들에게도 재미있을 만한 요소를

찾으려고 애써요. 고전 작품을 읽을 때 특히 그렇죠. 이강백의 희곡

〈파수꾼〉을 읽으면서도 그랬어요. 늘 곁에 있지만 아무도 주목하지

않은 한 사람을 만들어가는 스릴러의 구조를 파악하거나, 자신이

피해자이면서도 가해자라고 여기게 만드는 가스라이팅의 구조를

찾아가게 하면 학생들이 수업 중에 그래요. "…나, 소름 돋았어."

<허생전>을 배우면서 허생이 벌어들인 돈을 현재 가치로 환산해보는 것도 그런 시도 중 하나죠. 허생이 은 100만 냥을 벌었다고 하면 아무 감흥이 없지만, 허생이 2280억 원을 단 3년 만에 완전 떡상으로 벌었다고 하면 학생들 눈빛이 달라져요. 심지어 지금도 이 방법을 활용해 누구든 돈을 많이 벌 수 있다고 하면 호흡이 달라져요. 우리는 모두 부자가 되고 싶어 하는 세상에 살고 있으니까요.

현장 교사들에게 가장 중요한 것은 결국 내 앞의 현실이라고 생각해요. 교사가 전문가인 이유는 그 현실 때문이죠. 지역마다 학교마다 교실마다 상황이 다르거든요. 그 안에서 무엇을 고수하고 무엇을 탄력적으로 운용할 것인지를 결정해야 하죠. 완전히 똑같은 결과를 낼 수는 없지만 최소한의 결과 이상은 도달하려고 애써야 하니까요. 그래서 교사가 참 힘든 직업이기도 하고요. 교사는 당대 첨단의 감정과 감각과 문화를 요구하는 10대들을 매년 마주해야 해요. 해마다 다시, 새로 시작해야 하는 사람들이죠. 그래서 저는 현실을 읽으려고 애써요. 겉으로 드러나 보이는 것들 사이에 뒤섞여 있는 맥락과 징후, 원인과 결과를 찬찬히 살피려고 하죠. 미워하지 않으려고도 애쓰고요. 물론 속상할 때가 많아요. 내 정성을 몰라주면 속상하죠. 그래도 현실을 미워하지 않고 제대로 읽으려고 애쓰고 있어요.

글을 쓰고 있는 현재 저는 우리 학교 패션과 2학년 학생들과 함께 있어요. 시험 기간이어서 자율학습 시간을 주었는데, 시험 준비를 하는 학생은 단 한 명도 없어요. 17명 가운데 14명은 핸드폰을 들여다보고 있고, 두 명은 화장하면서 이야기를 나누고 있고, 한 명은 웹소설 단행본을 읽고 있어요. 그래도 이 학생들은 고마운 이들이에요. 제가 핸드폰 이제 내려놓자고 하면 잠시 내려놓는 척은 하거든요. 물론 5분 후에는 다시 집어들겠지만요. 이 학생들과 문학 수업을 하고 싶다면 무엇을, 어떻게 해야 할까요? 이들 사이에 어떤 맥락과 징후가 있을까요? 무엇이 원인이고 무엇이 결과일까요? 제가 읽어야 할 부분은 무엇일까요?

최근에 제가 내린 결론 중에서 가장 뜨거운 것은, 먼저 교사가 무척 매력적인 사람이 되어야 한다는 점이었어요. 교사가 매력적이면 학생들이 최소한 교사와 수업을 존중하더군요. 2020년대의 학교에서 살아가면서 이 점이 무척 크게 다가오더라고요. 교사로서의 매력이란 결국 경험이라고 생각해요. 물론 외모의 매력도 힘이 있겠지만, 교사가 기획한 수업 안으로 학생들을 이끌어 오는 데에는 경험의 매력이 더 소중한 것 같아요. 경험의 매력이란 학생들이 원하는 욕망을 먼저 실현했거나 시도해본 경험을 말해요. 그런 시도와 성공 혹은 실패의 경험이 많으면 그 교사는 학생들에게 충분히 매력적인 사람이 되죠. 그러려면 무엇보다 먼저, 교사의 욕망이 많아야 할 것 같아요. 지금의 학생들이 그러하니까요.

저는 100만 유튜버가 되고 싶어요. 현재까지 15년째 유튜브를 운영하고 있어요. 지금은 구독자가 200명도 안 되고 구글에 수익 신청도 안 했지만, 교사를 그만두면 바로 유튜버를 시작하려고요. 또 저는 전 세계를 여행하는 캠퍼가 되고 싶어요. 유라시아 대륙을 횡단하고, 아메리카 대륙을 종단하고 싶어요. 캠핑카를 마련해서 가능한 한 넓은 세계를 찾아가고 싶어요. 소박하나마 캠퍼로 살아온 지 약 8년 정도 되었는데, 이제는 한국을 넘어서 세계의 숲과 강과 바다를 다녀보고 싶어요. 이미 많은 분이 나선 길이죠. 또 저는 멜론뮤직어워드에서 작곡가상을 받는 뮤지션이 되고 싶어요. 저는 5년째 뮤지션으로 살고 있는데, 재능 있고 경험 많은 어린 선배 뮤지션을 운명처럼 만나서 하나하나 음악 작업의 모든 것을 배우며 함께 작업했죠. 2021년 〈파란 테슬라〉 싱글을 발표한 이후로 지금까지 10곡을 만들었어요. 작사, 작곡, 보컬로 참여했고요. 사람들과 즐겁고 아픈 한때를 함께할 수 있는 노래를 계속 만들고 싶어요. 그리고 저는 국어 교사들에게 도움이 될 책을 마지막으로 한 권 더 쓰고 싶어요. 현재까지 다섯 권의 책 작업에 참여했는데, 훌륭한 선생님들과 함께할 기회를 얻어서 정말 좋았죠. 지금은 저만의 이야기로 채운 단행본을 쓰려고 준비하고 있어요. 또 웹소설 작가도 되고 싶어요. 제가 즐겁게 읽었던 《나 혼자만 레벨업》《전지적 독자 시점》 같은 웹소설을 쓰고 싶어요. 현재 습작

중이에요. 시놉시스는 업계 최고이자 최악의 여성 스나이퍼가 딸을 구하기 위해 프로 포커 플레이어의 세계로 들어가 정치에 입문하는 이야기예요. 지금까지 노동자로는 충분히 살았으니 이제 창업자, 콘텐츠 제작자, IP 소유자로 살고 싶은 소망이 있죠.

국어 수업 첫 시간에 이런 제 욕망을 이야기했어요. 그리고 저의 시도와 실패와 과정과 결과를 알렸어요. 사십춘기를 지나오면서 하나하나 또박또박 적어놓은 제 욕망들이었죠. 부정하고 또 부정하다가 더는 부정하고 싶지 않았던 욕망들, 굳이 할 이유는 없지만 안 할 이유는 더 없는 욕망들, 그런 것들에 관한 이야기였죠. 첫 만남의 첫 시간, 제 욕망으로 저를 소개한 그 시간이 아주 많은 것을 결정했다고 저는 짐작해요. 제 이야기를 듣는 학생들의 눈빛과 호흡이 느껴졌어요. 뭔가 놀랍고, 흥분되고, 신기하고, 당황스럽고, 황당하고, 진지하고, 궁금해하는 기운이었어요. 저는 이 감정의 환기가 제 수업의 진짜 씨앗이라고 여기고 있어요.

2020년대의 학생들은 풍족한 세대죠. 과거에 비하면 돈, 시간, 도구, 기회가 참 많아요. 원하기만 하면 해볼 수 있는 것이 정말 많죠. 저는 골목대장이라는 낱말이 실존하는 시대를 살았지만, 지금 우리가 만나는 학생들에게는 골목도 없고 대장도 없어요. 무얼 하려면 전 세계와 대결해야 하는 상황이죠. 물론 그건 분명 기회이지만, 고스란히 부담이기도 해요. 자아가 여물기도 전에 무너질 수도 있지 않을까요? 여기에서부터 막혀요. 자신이 무엇을 원하는지 모르거든요. 이건 학생들만의 문제도 아니죠. 어른들도 대부분 그렇게 살고 있으니까요. 그리고 상당히 많은 교사도 그렇게 살고 있고요. 남의 비아냥을 거스르면서까지 자신의 욕망을 추구해본 경험이 거의 없죠.

해결 방법은 먼저 해보는 것이었어요. 그 방법이 제게는 가장 좋았어요. 먼저 해보고 나서 결론을 내리는 거죠. 이게 진짜 내가 원하는 것인지를요. 그런데 이런 시도를 해보는 사람도 정말 흔치 않더군요. 대개 무언가를 시도하면 주변 사람들은 대부분 비웃어요. 격려를 한다고 해도 진지하게 기대하지는 않죠. 이 사람이 대단한 성취를 이룰 것이라는 기대가 없어요. 사실 그게 당연하기도 해요. 원래 다들 그렇게 사니까요. 하고 싶은데, 하면서 결국 하지 않고 그냥 살죠. 그래도 괜찮다고 서로 위로하면서요. 그건 대부분 끌어안음이겠지만, 가끔은 끌어내림이기도 한 것 같아요.

그런데 만약 그런 사람이 있다면, 나는 분명 무언가를 이뤄낼 거라고 자신의 한계까지 자신을 밀어붙이는 사람이 있다면 어떨까요? 그리고 그런 시도를 해본 사람이 자신의 성공 혹은 실패의 경험을 들려주면서 그런 수업을 함께 하자고 한다면요? 그러면 학생들의 반응이 확실히 좀 달라지는 것 같아요.

경쟁, 개인, 감정…

문학이 가치를 전할 수 있다면

문학 수업을 하다 보면 교사가 추구하는 가치와 학생들이
추구하는 가치가 일치하지 않을 때가 많습니다. 예를 들면
윤동주의 시를 통해 '부끄러움'을 가르치고, 조세희의
소설을 통해 '연대'를 가르치고자 했을 때, 학생들이 교사의
의도와 달리 엉뚱한 결론에 이른 사례를 많이 접했거든요.
'왜 부끄러워해야 하나요?' '가난한 사람들은 불쌍하다'
같은 반응이요. 선생님께서는 문학을 통해 '가치'를
전달하고자 할 때 어떻게 수업을 설계하시나요? 학생들의
마음을 어떻게 열 수 있을까요?

제게 이 질문은 너무 크네요. 저는 가치 교육에 대한 일반론을
말씀드릴 수 있을 만한 경험도 연구도 해보지 못했거든요. 하지만
하나의 사례로서라면 하고 싶은 이야기는 있어요.

사실 제 목표는 학생 10명 가운데 10명이 모두 만족하는 수업이 아니에요. 10명 중 5명이 만족하는 수업이면 좋은 수업이라고 여기거든요. 10명 중 7명이면 정말 바랄 게 없고요.

저 역시 윤동주 시를 통해 부끄러움을 가르치려고 했어요. 〈길〉이라는 시였죠. 이 시에서 부끄러움의 대상은 하늘이죠. 변함없이 푸른 하늘을 보며 시인은 부끄러워해요. 자신은 그렇지 않으니까요. 변하고 싶지 않았던 것까지 변해버린 자신에 대한 부끄러움, 이 내밀한 감정을 학생들과 이야기하려면 어떻게 해야 할까요? 고민 끝에 제가 내린 결론의 키워드는 '경쟁, 개인, 감정'이었어요.

'경쟁'은 인간이라는 종이 지구라는 환경에서 겪는 자연스러운 현상이라고 생각해요. 다만 문명이 발전하고 생산력이 늘어날수록 패자나 약자에 대한 배려가 더 높은 수준에서 이뤄져야 한다고 여기죠. 물론 경쟁의 근간을 흔들지 않는 선에서의 배려여야 한다고 여깁니다. 수업에서도 경쟁을 통해 학생들의 지적이고 감성적인 성장을 효율적으로 도모하면서도, 패자와 약자에 대한 배려를 최대한 확보하려고 애쓰고 있어요. 그래야 또다시 배움에 나설 테니까요.

예를 들면 단편소설 수업을 모둠 경쟁 방식의 퀴즈 게임으로 진행하면서, 확보된 점수는 간식 점수로만 사용하고, 간식도 1~2등 모둠은 초코송이를, 3~5등 모둠은 초코파이를 각자 하나씩 받는 것 정도로 했어요. 이렇게 했더니 학생들의 참여도가 아주 좋더라고요. 특히 놀라운 것은 학생들이 소설 한 편을 최소한 다섯 번은 읽었다는 것이죠. 그것도 여러 사람과 함께요. 책을 읽는 가장 좋은 방법은 다시 읽는 것이고, 여러 사람이 함께 읽는 것이죠. 인류가 이 엄청난 비밀을 알아낸 건 3000년도 넘었어요. 하지만 수업 시간에 이렇게 말할 수는 없죠.

"얘들아. 책을 읽는 가장 좋은 방법은 여러 번 읽는 것이고, 여러 사람과 함께 읽는 것이래. 이거 진짜야. 알았지? 그러면 지금부터 소설 읽어보자. 각자 다섯 번씩 읽고, 네 명씩 돌아가면서 다섯 번 대화하는 거야. 알았지?"

교사가 이렇게 말한다고 그게 이뤄질까요? 전혀요. 하지만 모둠 경쟁 방식의 퀴즈 게임으로 진행했더니 이게 되더라고요.

두 번째 키워드인 '개인'은 최근의 경향이라고 여겨요. 2020년대 학생들은 모둠 활동을 참 어려워하고 심지어 괴로워하기까지 하더군요. 타인을 받아들이는 포용력이 낮아진 건 분명 아쉬운 점이죠. 그러나 한편으로 생각하면, 타인의 도움 없이도 혼자서 충분히 해낼 수 있는 여건이 갖추어진 것이라고도 볼 수 있어요. 문명은 점점 더 개개인이 모든 필요를 해결할 수 있는 방향으로 나아가는 것 같아요. 그 와중에 타인의 개입은 오히려 비효율을

초래할 뿐이죠. 이것은 관리와 위계 중심의 소품종 대량생산 시스템에서 창의와 효율 중심의 다품종 소량생산 시스템으로 산업 환경이 변한 것과도 깊은 관련이 있다고 여겨요. 물론 생산이 완성되려면 결국 협업이 필수적이지만, 온라인 시스템을 통해 불필요한 협업이 사라지고 있는 것도 분명 현실이죠. 개인화가 개인의 성향 탓일 수도 있지만, 그것이 이미 집단의 문화가 되었다면 분명 집단의 조건이 변했기 때문일 거예요.

이 학교에서 제가 크게 인상 깊었던 것은 '비밀댓글'이었어요. 특성화 고등학교에 근무하면서 신규 교사로 처음부터 다시 배우는 느낌이었는데, 학생들이 공개댓글을 정말 너무너무 싫어하고 부담스러워한다는 걸 알았어요. 거의 공포를 느끼는 학생도 있더군요. 공개댓글을 쓰느니 그냥 안 하려고 하더라고요. 학생들의 결과물을 공개하고 공유하는 이유는 명확하죠. 서로의 결과물을 보면서 자신의 수행 수준을 확인하고, 서로에게서 배우기를 바라는 것이죠. 그런데 제가 만난 학생들은 그걸 전혀 원하지 않았어요. 상처 때문이었어요. 학생들이 자신을 공개했던 기억은 대부분 아픈 것이었어요. 학생들이 고통에 예민해진 것도 분명한 사실이지만, 학생들이 고통을 느낄 만한 상황이 예전보다 더 많아진 것도 사실이더군요. 비밀댓글로 학생들의 이야기를 읽고 나서야 이해가 되었어요. 지금 대한민국은 화면 캡처와 음성 녹음이 손가락 움직이는 것만큼이나 간단한 곳이죠. 학생들 중에는 자신의 실수와 실패를 기록한 누군가 때문에 내내 괴로운 시간을 보낸 이들이 많더군요. 못된 학생들은 핸드폰 사진첩 안에 저격용 사진과 캡처, 몰카 등을 모아놓는다고 해요.

마지막 키워드는 '감정'이에요. 특성화 고등학교에 근무하면서 교육과정을 다시 읽어봤어요. 그 화려한 낱말들 가운데 제가 찾으려고 했던 것은, 지금 만나는 이 학생들에게 그나마 매력적으로 다가갈 낱말을 찾는 것이었어요. 그 많은 낱말 중에 제게 남은 것은 오직 하나, '감정'이었어요. 아무리 거친 학생들도 '감정'이라는 낱말에는 흠칫, 하는 듯했어요. 수업 중에 화장에 몰입하던 학생도 '감정'이라는 말에는 눈길을 짐끽 돌리더군요. 그래서 시 수업을 할 때 시도해봤어요. 똑같은 시를 감정으로 읽도록 수업을 기획했죠. 수업 이름도 '나의 감정 읽기'라고 하고, 각 시에 담긴 감정을 주제로 삼았어요. 시에서는 세 사람의 감정을 읽도록 했어요. 화자의 감정, 시인의 감정, '나'의 감정.

기대 이상으로 수업의 여운이 진했어요. 무엇보다 중요한 것은 학생들 한 명 한 명이 자신의 감정과 경험을 솔직하게 드러낼 수 있게 만드는 것이었어요. 이건 공개된 교실에서 공개된 발표로는 불가능한 수업이었죠. 그래서 장비와 기회와 시간을 준비했어요. 온라인 공간에서 비밀댓글로 교사와 학생의 일대일 대화를 만들어내려고 애썼어요. 학생들이 최대한 자신의 감정을 솔직하게 돌아보고 들여다볼 수 있었으면 했어요. 또 그만큼 학생 개개인에게 저의 공감을 보여주려고 애썼어요. 이 수업이 가능했던 것은 온라인 수업 도구 덕분이었죠. 오프라인 수업 시간에 온라인 수업을 진행했더니 가능하더라고요.

그랬더니 학생들이 글을 쓰더군요. 자신의 감정을 읽고, 시인의 감정을 읽더군요. 학생 개인과 교사 개인이 논리와 감정을 댓글로 주고받으며, 서로의 경험과 상황에 공감하게 되더군요. 학생들과의 대화가 자연스럽게 깊어졌죠. 올해도 저는 시 수업을 기획할 때 감정에 집중하려고 해요.

경쟁, 개인, 감정. 이 세 가지를 충분히 고려하지 않으면 교사의 가치가 학생의 가치로 옮겨가지 않는 것 같아요. 그 핵심은 아마도 신뢰가 아닐까요? 한때 교사에게 권위가 있던 시절이 있었죠. 권위의 꽤 많은 부분이 신뢰일 거예요. 그저 교사라는 이유만으로, 교사의 모든 말과 행동에는 교육적인 선의가 있을 거라고 신뢰하던 때가 있었죠. 지금은 그렇지 않고요.

안타깝지만 지금은 교사가 먼저 학생들의 신뢰를 얻어야 하는 상황이라고 여겨요. 그래야 겨우 교사의 가치가 학생들에게 받아들여질 수 있다고 생각해요. 경쟁, 개인, 감정을 통해 학생들에게 충분한 신뢰를 얻을 때, 그때 비로소 조금이나마 가치에 관한 이야기를 나눌 수 있을 듯합니다. 그리고 그것이 성공했다면 그 가치는 대답의 형태가 아니라, 질문의 형태일 거라고 저는 믿습니다. '이것이 연대다, 이것이 정의다'가 아니라, '이것은 연대일까? 이것은 정의일까?'의 형식으로요.

비평과
창작)

질문을
따라가며
길 찾기

문학의 쓸모를 다시 묻다

**수업에서 문학의 해석·감상을 넘어 비평·창작 활동을
진행하고 싶습니다. 비평·창작 수업을 준비할 때 교사가
중심에 두어야 하는 건 무엇일까요?**

비평 수업을 기획할 때 제게 가장 중요한 것은 '질문'이에요.
비평이란 결국 질문이고, 그에 대한 해답이라고 여겨요. 해답에
정답은 없지만, 과정에 정답은 있죠. 질문을 해결하기 위한 인용,
설명, 해석, 그리고 감정과 논리로 이어지는 과정은 모든 해답 도출에
필수적이라고 여겨요.

문제는 처음부터 끝까지 모든 질문과 해답을 스스로 찾아내기에는
학생들은 아직 어리고, 여리고, 부족하다는 것이죠. 분명 교사의
도움이 필요해요. 그러면서도 결국 학생이 직접 해야 해요. 학생이
직접 질문을 선택하고 자신을 드러낼 수 있어야 해요.

그러면 교사가 어떻게 수업을 기획해야 학생들이 비평의 기초 과정을 따라가는 데 도움을 받으면서도, 스스로 질문과 해답에 몰입하게 할 수 있을까요? 저는 '필수질문'과 '선택질문'으로 해결했어요. 대개 8개의 질문을 준비하는데, 필수질문 4개와 선택질문 4개입니다.

필수질문은 학생들이 어떠한 작품을 읽든 반드시 답해야 할 질문이에요. 문학작품에 대한 정확한 해석을 유도하는 질문이죠. 인용, 설명, 해석, 그리고 감정과 논리를 요구하는 질문입니다. 질문의 스타일은 최대한 학생들에게 친근하거나 호기심을 끄는 방식으로 하고요. 예를 들면 단편소설 서평 쓰기 수업을 할 때, 소설에서 가장 인상적인 상황과 대사를 정하고 그 이유를 쓰는 '명장면 명대사', 소설 속 인물들의 선택 중 하나를 택해서 그 선택은 왜 했으며 자신이라면 어떻게 할지를 서술하는 '아! 왜?', 소설을 읽으면서 떠올랐던 다른 소설·영화·드라마·뉴스·음악 등을 소개하고 그것들의 공통점을 서술하는 '링크링크' 등과 같은 것들이죠.

선택질문은 학생들이 선택해서 답할 수 있는 질문들로, 문학작품에 대한 체험을 유도하는 질문이죠. 경험, 통찰, 성찰, 그리고 감정과 논리를 요구하는 질문입니다. 4개의 선택질문 중 2개를 택하도록 했어요. 우리는 자신이 선택한 질문에 더 애정을 가지게 되죠. 그 힘이 학생들을 작품에 더 몰입하도록 만들기를 바랐어요. 예를 들면 소설 속 상황이나 인물·대사가 자신이 직접 겪었던 경험과 비슷한 이유를 서술하는 '데자뷔', 소설의 작가에 대해 조사하고 작가가 왜 이런 작품을 썼을지 추측하는 '누구냐, 넌?', 소설의 설정이나 결말을 바꾸고 싶다면 그 이유를 서술하는 '나라면?' 등과 같은 것들이에요. 제가 바라는 비평은 학생들의 문학 체험이 좀 더 정교해지는 것입니다. 학생들의 경험이 작품을 만나 좀 더 정확하게 해석되고, 그것을 상세하고 명확하게 표현하는 것이죠. 이것이 가능하기만 하다면, 이렇게 쓰는 글은 길면 길수록 더 대단한 통찰의 연쇄일 수밖에 없어요. 그래서 이 비평 활동의 평가 기준에서는 분량을 중요하게 여겼어요. 학생들이 중복되거나 허튼 이야기 없이 긴 분량의 글을 쓰려면 작품을 제대로 통찰하고, 그 통찰로 자신의 경험을 돌아봐야 하죠. 작품과 경험을 함께 보는 이 통찰이 통했다면 다른 이의 경험과 해석과도 통할 여지가 있죠. 그렇게 어느 학생의 통찰이 더 많은 이들을 설득할 수 있는 통찰로 이어진다면, 분명 그 학생의 통찰력은 성장할 거예요.

창작 수업을 기획할 때 역시 제게 가장 중요한 것은 질문이에요. 창작 또한 질문이고, 그에 대한 저마다의 해답이죠. 그런데 창작은 장르마다 필요한 질문이 다른 것 같아요. 그 질문들을 찾아서 학생들이 선택할 수 있게 하는 것, 이것이 가장 중요하다고 여겨요.

예를 들어, 소설 창작에 필요한 기본적인 질문은 소설의 3요소에 대한 것이겠죠. 인물, 사건, 배경. 전 그중에서도 사건이 가장 중요하고, 그다음 배경이 중요하고, 인물은 마지막인 것 같아요. 특정한 사건이나 상황만 만들어낼 수 있다면 그 안에서 인물을 만들어가는 건 좀 더 쉬워 보였거든요. 그래서 학생들에게 요구한 것은 신문 기사 2개를 찾는 것이었어요. 서로 아무 관련이 없는 신문 기사 2개를 찾는 것이죠. 정치면에서 하나를 찾았으면 스포츠 기사를 하나 찾고, 연예면에서 하나를 찾았으면 사회면에서 또 하나를 찾는 식으로요. 그리고 이 두 사건을 이어보게 했어요. 그랬더니 재밌는 사건들이 벌어졌죠. 그렇게 사건 2개에서 시작해 상황을 만들고, 줄거리를 만들고, 인물을 만들고, 반전을 2개 이상 만드는 작업을 하게 했어요. 여기에도 필수질문과 선택질문을 두었고요.

그러나 무엇보다 비평과 창작 수업을 기획하는 데 가장 중요한 것은 동기부여였어요. 비평은 어려워요. 창작은 더 힘들죠. 막상 시작하고 나면 답해야 할 질문이 한도 끝도 없어요. 눈은 높은데 손은 낮죠. 할 이야기는 정말 많은데 그것들을 하나하나 해나가려니 너무 더디고 느려 보이죠. 잔뜩 뒤섞여 있는 100피스 퍼즐을 눈앞에 마주한 느낌일 거예요. 대체 어떻게 해야 이 퍼즐을 시도할 수 있을까요? 어지간한 몰입 없이는 완성할 수 없고, 어지간한 열망 없이는 높은 수준에 도달할 수 없는 이 엄청난 작업에 학생들이 몰입하게 하려면 어떻게 해야 할까요?

저에게 유용했던 한 가지 방법은, 드넓은 온라인 세상에 학생들의 작품을 익명으로 공개하는 일이었어요. 그리고 이들을 작가님으로 존대하는 것이었어요. 자신의 작품을 세상에 보이고, 누군가의 '좋아요'와 댓글이 쌓이고, 자신의 감정과 논리를 누군가가 이해하고 공감하고 격려해주는 그 소통의 즐거움을 느낄 수 있는 기회를 만들어보는 것이었어요.

고전 문학)

당대 독자의
감각을
현대 독자의
감각으로

- **고전문학은 학생들이 많이 어려워하고, 또 중도 포기자도**
- **발생하는 영역입니다. 고전시가, 고전산문에서 학생들의**
- **흥미를 이끌어내고 지식도 채울 수 있는 수업은 어떻게**
  구성할 수 있을까요?

고전문학 수업은 제게도 너무나 어려운 난제입니다. 고전문학
수업을 기획할 때마다 제 안에서 떠나지 않는 질문들이 있거든요.
학생들이 고전문학을 왜 배워야 할까요? 그 어려운 단어들을 왜
익혀야 할까요? 학생들이 그 괴로움으로 문학 자체를 포기하게
되는 것을 각오하고서라도, 굳이 고전문학을 배워야 할 이유가
무엇일까요? 인공지능 시대에 고전문학에 대한 지식이란 대체 어떤
의미가 있을까요? 어떤 재미가 있을까요?

우리가 사는 21세기 대한민국은 인공지능의 시대로 접어들고

있습니다. 한두 시간이면 고전문학 전문 챗봇을 개인별로 만들 수도 있는 시대죠. 현재 출시된 7종 문학 교과서의 모든 고전문학 작품을 하나도 빠짐없이 설명할 수 있어요. 가장 유명한 수능 강사의 말투, 시간 분배, 유머까지 챗봇이 학습할 수 있고, 원한다면 학생들이 좋아하는 인기 유튜버 캐릭터까지 학습할 수 있어요. 300만 유튜버 침착맨이 최고 수능 강사의 강의법을 참고해 고전문학 강의를 학생 개개인에게 해주는 것이죠. 언제든 끊임없이 강의가 가능하며, 단 한 번도 지치지 않고 학생의 질문에 답해줄 수 있죠.

지식 전달이 고전문학의 목적이라면 우리는 절대 이 챗봇을 이길 수 없을 거예요. 만약 그렇다면 그것은 교사 정리해고를 선언하는 것과 다름이 없겠죠. 그럼 우리가 서로 물어야 해요. 지식 전달이 목적이 아니라면 대체 우리가 고전문학을 다루는 이유는 무엇일까요? 고전문학 수업을 하면 할수록 고전문학을 증오하는 학생들이 늘어간다면, 이건 분명 잘못된 수업이 아닐까요? 이런 질문을 해결해줄 수 있는 수업이 있다면, 그것은 '고전'이어서가 아니라 '문학'이기 때문에 수업으로 기획하는 것이겠죠. 그러니까 제 결론은, 작품에 집중해야 하지 않을까 싶어요.

다만 한 가지, 어떤 작품으로 수업을 하든 우리가 늘 잊지 말았으면 하는 것이 있어요. 교사는 훌륭한 번역가이자 연출가여야 한다는 것이죠. 우리가 선택한 고전은 태어날 때부터 고전이 아니었어요. 그 작품은 당대에 가장 핫한 논란이고, 가장 재미있는 유행이었어요. 당대의 사람들이 읽자마자 '대체 이 미친 작품은 누가 쓴 거야?' 하고 외쳐 물을 만큼 생생한 감정과 첨예한 논리와 핍진한 시대상을 담은 작품이죠. 정말 하고 싶었으나 아무도 하지 못한 말을, 정말 알고 싶었으나 누구도 가르쳐주지 않았던 깨달음을 전해주던 작품이죠. 손에 잡기만 하면 하룻밤 새에, 아니 선 자리에서 단숨에 읽고, 너무 충격적이고 경이로워서 정수리부터 발끝까지 벼락을 맞은 듯한 느낌으로 한동안 선 채로 멍하니 있을 수밖에 없던 작품이었어요. 대체 이 충격과 경이를 학생들에게 어떻게 전할 수 있을까요? 이런 면에서 교사의 번역과 연출이 필요하다고 생각해요. 이건 언어의 번역만을 의미하지는 않아요. 당대 독사의 감각을 현대 독자의 감각으로 전환하는 작업을 포함하죠.

예를 들면, 〈허생전〉을 수업하면서 이 작품에 등장하는 돈을 현대의 가치로 환산하는 작업이에요. 허생이 은 50만 냥을 바다에 버렸다고 하면 아무 감흥이 없지만, 현금 1140억 원을 바다에 쏟아 버렸다는 말을 들으면 '미친…'이라는 소리가 절로 나오죠. 〈레디 메이드 인생〉을 수업하면서 머리 딴 여인이 흥정하는 장면도 번역이 필요해요. 열여덟 살밖에 안 되는 여성이 성매매 대가로 제안한 돈이 겨우 5000원 정도라는 것을 알게 되면, 학생들도 모두 이건 아니지 않나 하는 감정에 공감하죠. 〈정석가〉를 수업하면서 반어로 가득한 랩을 함께 듣는 것도 일종의 번역과 연출 작업이에요. 도저히 함께 따라 부르지 않을 수 없는 매력적인 후렴이 반복되는 대중음악을 개인별로 만드는 작업이요. 고전시가를 현대까지 살아남게 만든 근원이 결국 후렴이라고 말로만 설명하면 아무 감흥이 없지만, 친구들이 어느새 자신이 만든 노래를 따라 부르는 것을 들으면 가슴이 두근대고, 얼굴이 빨개지고, 소름이 돋아오죠. 그러다 보면 100년 전 사람들, 500년 전 사람들, 1000년 전 사람들이 우리와 같은 것에 감동하고 분노하고 눈물짓고 사랑을 고백하며 노래를 불렀다는 것에 잠시, 심장이 쿵 할 때가 있는 것이죠. '고전문학 수업을 하고 나니까 고전에 좀 더 관심이 가게 되었다'고 말할 수 있는 수업, 적어도 고전에 대한 증오가 좀 사라지는 수업이요.

그런 면에서 저는 대한민국의 고등학교 교육에서 모든 고전문학 작품은 현대어로 번역한 작품을 기본으로 해야 한다고 생각해요. 옛말 원본으로 가르치는 것은 대학 학부생 수준이어야 한다는 거죠. 게다가 고전문학 수업의 목적이 교사용 지도서에 나온 대로 '과거와 현재의 소통'이 분명하다면, 더더욱 현대어로 번역된 고전을 기본으로 해야 해요. 작품에 대한 주변적이고 번잡한 지식 혹은 지나치게 전문적이고 세밀한 지식보다는 작품의 감정과 논리와 상황 같은, 좀 더 작품 자체에 집중할 수 있는 수업을 기획하면 좋겠다고 생각합니다.

"우리가 선택한 고전은
태어날 때부터 고전이 아니었죠.
당대에 가장 핫한 논란이고,
가장 재미있는 유행이었어요.
그래서 교사는 훌륭한 번역가이자
연출가가 되어야 해요."

수업
실패,

100번의
실패를
해야 한다면
빨리 겪자

선생님은 실패한 문학 수업을 어떻게 '실패'소생술 하시나요? 용기를 내어 도전했던 수업이 성공적이지 않을 때 스스로 무너지면서 천편일률적인 수업 방식으로 돌아가곤 합니다. 선생님은 위기를 어떻게 기회로 만드셨는지 궁금합니다.

언젠가 송승훈 선생님께서 이런 명언을 남기셨죠. "대충이라도 시도하는 사람이 세상을 바꾼다." 저는 세상을 바꿀 포부는 없지만, 대충이라도 시도하는 사람의 소중함에는 깊이 공감합니다. 어느 날 하루아침에 좋은 교사가 될 거라는 오만함은 없거든요. 다만 욕심은 있습니다. 좋은 교사가 되기 위해 100번 정도 실수와 실패를 해야 한다면, 최대한 빨리 겪고 싶어요. 실수나 실패를 한 것만으로도 대단한 것이죠. 시도하지 않은 사람은 도저히 얻을 수 없는 경험을 얻었으니까요. 이 경험 자체가 능력입니다. 물론 자다가도 문득 이불킥하는 순간도 분명 있지만, 그럴 때마다 저를 다시 다독입니다. 잘했어. 실수하면 어때. 실패하면 어때. 시도한 게 어디야. 방향이 맞잖아. 어차피 100번은 실수하고 실패할 거야. 어차피 해야 할 것이면, 얼른 하지 뭐.

교실이라는 공간에서 교사는 혼자입니다. 어느 누구도 교실에 있는 교사를 완벽하게 이해하기는 어렵죠. 교사가 실수하고 실패하는 순간에 느끼는 감정을 가장 잘 이해할 수 있는 사람이 있다면 그건 단 한 사람, 바로 교사 자신일 겁니다. 그때의 상황, 그때의 공기, 그때의 눈빛, 그때의 열기… 그 모든 감정을 고스란히 담고 있는 이는 그 교실 현장에 있던 교사 자신이죠. 그래서 그 교사를 위로할 수 있는 사람도 먼저 그 자신일 수밖에 없습니다. 괜찮다고. 잘했다고. 시도한 게 어디냐고. 분명 누군가의 성장에 도움이 되었을 거라고. 나 역시도 분명 성장했을 거라고.

물론 자기합리화이고 변명일 수도 있지만, 합리와 변명은 교사의 자존을 위해 꼭 필요해요. 내가 나를 돌보지 않으면 교사의 자존은 그 순간 부서지겠죠. 늘 다수 앞에 혼자 서 있어야 하는 존재, 자신을 돌볼 사람이 오직 자신밖에 없는 시간을 내내 견뎌야 하는 존재죠. 자존이 부서진 교사에게 학생들이 배울 수 있는 것이란 없습니다. 우리가 학생들에게 먼저 가르쳐야 할 것은 어떤 경우에도 자존을 지키도록 하는 일이기 때문이죠. 교사가 자신을 먼저 돌보는 능력은 좋은 교사가 되기 위해 가장 필요한 것입니다. 그리고 그 자존감이 자신감으로 부풀어 오를 때, 그때 비로소 자기객관화가 필요하죠.

자기객관화에 가장 좋은 시기는 저에게는 1월과 2월이에요. 학기 중에는 실수하거나 실패해도, 돌아보고 어쩌고 할 틈이 별로 없죠. 또 하루하루 나아가는 것 자체가 힘들어서 먼저 나를 돌보는 게 더 중요한 듯도 싶고요. 하지만 한 해를 다 보내고 난 뒤 이렇게 저렇게 푹 쉬고, 마음껏 놀고, 실컷 욕하고, 우다다다 수다를 떨고 나면, 다시 새롭게 한 해를 기획해야 하는 시기가 오죠. 그때쯤이면 자연스럽게 저와 제 수업을 담담하게 돌아볼 수 있었던 것 같아요. 위기가 기회로 바뀐 순간이 있다면 대부분 이때였던 듯합니다. 지난해의 실수와 실패를 가만히 보다가, 어느 것을 버리고 어느 것을 유지할지, 어느 것을 더 확장하고 어느 것을 새로 들일지 결정하는 것이죠. 아쉽고 미안하고 두렵고 괴롭기도 하지만, 그 모든 감정을 다 내려다보면서 다시 시작해야 할 시기인 듯해요.

이 능력으로 저는 다시 수업을 기획할 수 있었어요. 교사가 지치지 않으면서 학생들이 몰입하는 수업. 학생들이 몰입해서 교사가 지치지 않는 수업. 교사가 가볍게 툭 던지는데 학생들이 깊이 몰입하며 과정에 충실한 수업. 평가도 어렵지 않고 명확한데 학생들의 결과물까지 아름다운 수업.

지치지 않으려면,

쉬고 비우고 '나'를 돌보기

- **선생님의 블로그에서 '교사가 지치지 않는 수업'**
- **'단 한 명의 학생도 포기하지 않는 수업'이라는 표현이**
- **인상 깊었습니다. 선생님은 어떻게 지치지 않고 끊임없이**

학생들에게 가닿는 문학 수업을 준비할 수 있으셨나요?
단 한 명의 학생도 포기하지 않으려면 교사는 어떤 역량을
길러야 할까요?

교사가 지치지 않는 수업을 하려면 먼저, 자신이 지쳐 있는지
아닌지 잘 알아차리는 게 가장 중요한 것 같아요. 지쳐 있지 않다면
그건 좋은 일이죠. 그대로 두어도 자신만의 원동력으로 무엇이든
시도하고 실수하고 실패하며, 무언가를 분명 이루실 거예요. 그래서
정말 중요한 것은, 교사가 지쳤을 때인 것 같아요.
만약에 교사가 스스로 지쳤다는 것을 깨닫게 된다면 무조건 쉬시길

권해요. 비어 있어서 지친 사람은 본 적이 없어요. 대부분 너무 가득 차서, 도저히 그것들을 다 지니고 다닐 수 없어서 지치죠. 그러니 쉬면서 비우시길 바랍니다. 쉬어야 비울 수 있어요. 늘어지게 자고, 늘어지게 먹고, 늘어지게 남아도는 시간을 내내 낭비하세요. 비운다는 게 뭐 대단한 것이 아니에요. 내 안에 가득 차 있는 그 기억들을 잊는 거죠. 그리고 그걸 다 잊을 만큼 새롭고, 놀랍고, 낯설고, 여유 있고, 한적하고, 지루하고, 막막하고, 거대하고, 거창하고, 넓고, 반짝이는 것들을 만나세요.

그런데 대부분 돈 때문에 못 쉬어요. 하지만 돈도 결국 도구죠. 이 도구를 위해 살고 싶지는 않으셨을 거예요. 이 도구를 이용해서 원래 하고 싶었던 것이 분명 있을 거예요. 망치를 위해 살아가는 목수가 있을까요? 이 망치로 무엇을 만들고 싶으셨나요? 그걸 잘 떠올려보시기를 바라요. 결국 우리에게 가장 제한적인 자원은 돈이 아니라 시간이라는 것, 우리가 결국 벌어야 할 것은 돈이 아니라 시간이라는 것을 잊지 않으셨으면 해요.

그리고 '단 한 명의 학생도 포기하지 않는 수업'이라는 말은 좀 과장되게 표현한 것이지만, 영 거짓말은 아니에요. 실제 거의 그런 느낌을 받은 수업을 경험한 적이 있거든요. 학생 10명 중 7~8명만 열심히 참여해도 정말 멋지고 만족스러운 수업이죠. 물론 여전히 제 수업의 목표는 학생 10명 중 5명이 즐겁게 참여하는 수업이지만, 그

만족의 기준으로 삼는 것은 있어요.

앞에서도 말씀드린 것처럼 저는 '재미가 쌓여서 의미가 된다'고 믿는데요, 그 길에는 반드시 거쳐야 하는 터널이 있어요. 바로 '몰입'이죠. 어떤 재미가 정말 내 몸과 마음에 붙는 순간, 시공간을 넘어서는 기묘한 경험을 하게 돼요. 분명 나는 여기에 있고, 무언가를 보거나 무언가를 들었을 텐데, 전혀 기억이 없어요. 그 대신 내가 방금 재미를 느꼈던 대상에 대해서만 진한 느낌이 남아 있죠. 몰입의 순간이에요. 몰입을 한 이후에야 진짜 재미가 느껴지는 것 같아요. 그리고 이 몰입의 정점에 소름이 있죠.

제가 교사로서 학생들을 이끌고 가고 싶은 곳은 재미부터 몰입까지예요. 마음으로는 소름까지 끌고 가고 싶지만, 그건 끌고 간다고 갈 수 있는 게 아닌 것 같아요. 그러니 최대한 재미있게 시작해서 학생들의 몰입을 이끌어낼 수만 있다면, 그게 제가 할 수 있는 몫이라고 여겨요. 그다음은 다만 기도할 뿐이죠.

그런데 학생들을 몰입하게 만드는 것, 이게 저는 진짜 재밌어요. 제가 수업 시간에 가장 행복한 순간이에요. 제가 분명 교실에 있는데도 학생들이 그걸 전혀 의식하지 못하는 순간이 있어요. 자신의 작업에 미친 듯이 몰입하는 순간이죠. 그런 시간을 만들어내면 너무 좋아요. 무언가 성공했다는 느낌이 들죠. 그리고 정말 편해요. 무엇보다, 제가 지치지 않죠. 제가 지치지 않으면서도 학생들을 몰입까지 이끌었을 때, 성취감이 있어요.

이러한 수업을 기획하려면 평소에 재미를 꾸준히 단련해야 해요. 재미도 훈련이 필요하거든요. 먼저 자신의 재미를 소중하게 여기셨으면 해요. 재미라는 것은 정말 귀한 거예요. 재미있는 것을 하나하나 발견할 때마다 또 다른 세계가 열리거든요. 그런데 살아보니, 재미있게 사는 분들이 생각보다 별로 없더라고요. 자신에게 뭐가 재미있는지조차 잘 모르는 분이 정말 많아요. 대신 그런 분들은 보통 화가 많거나, 또는 '옳고 그름'이 많아요. 옳고 그름도 물론 중요하지만, 자신의 재미를 잘 찾지 못한 분들이 그런 옳고 그름으로 자꾸 화낼 거리를 찾아내려고 애쓰는 것 같아요. 그것에 너무 큰 의미를 부여하면서요. 부디 자신의 '좋고 싫음'도 소중히 여기시길 바라요. 그래야 옳고 그름도 더 또렷해지거든요. 지치지 않게 자신을 잘 돌보면서, 학생들 안에서 학생들과 함께 자신의 재미를 소중히 찾아가시길 기원합니다.

"학생들을 몰입하게 하는
수업을 기획하려면 평소에 재미를
꾸준히 단련해야 해요.
재미도 훈련이 필요하거든요.
먼저 자신의 재미를 소중하게
여기셨으면 해요."

1부 수업 대화

마음을 열고 감정을
두드리는 문학 수업,
어떻게 할까

김병섭

시 수업을 감정으로

01

시작하는 단 한 가지 이유

01_시 수업을 감정으로 시작하는 단 한 가지 이유

학생은 줄었는데 학교는 더 힘들어진 이유는 뭘까요? 40명을 가르치던 교실에 비하면 요즘 교실의 학생 수는 정말 많이 줄었어요. 이제는 20명을 넘는 학급을 만나기가 쉽지 않지요. 학생 수가 줄었으니 교사가 좀 편해진 것처럼 보일 수 있어요. 하지만 학생 수가 줄어든 만큼, 아니 그 이상으로, 학생 한 명 한 명에게 요구되는 돌봄과 교육의 수준은 더 넓고 깊어졌죠. 이것은 사회적인 요구이고 부모들의 요구이기도 하지만, 다른 누구보다 학생들의 강력한 요구인 듯해요.

학생들은 해가 갈수록 고통에 더 예민하고, 권력에 더 예민하고, 감정에 더 예민해지는 듯해요. 그만큼 고통이나 권력이나 감정에 대해 더 넓고 깊은 대화를 나누고 싶어 하죠. 물론 겉보기에는 학생들은 전혀 자신의 이야기를 하지 않으려는 것 같아요. 오히려 자신을 더 꽁꽁 감추려는 것처럼 보이죠. 제가 만난 학생들도 처음에는 말 한마디 건넬 것 같은 기미도 보이지 않았어요. 그러나 한번 이야기의 둑이 터지면, 학생들의 이야기는 무척 깊고 넓고 날카로웠어요.

이때 무엇보다 학생들의 '몸'을 움직일 만큼 힘 있는 말은 바로 '감정'이었어요. 그래서 감정을 향해 최대한 뾰족하게 수업을 만들어보려고 했어요. 그랬더니 시가 보이더군요. 그때가 되어서야 알았어요. 시에는 감정이 가득했어요, 터질 만큼! 그래서 교과서의 시들을 감정을 주제로 다시 읽었어요. 그리고 '나의 감정 읽기'라는 시 수업을 기획했죠. 화자의 상황과 감정과 메시지를 키워드로 삼고, 이 키워드로 학생들이 자신의 상황과 감정과 메시지를 읽도록 유도했어요. 이 과정을 거친 후에 시인으로 돌아왔어요. 화자와 학생의 상황·감정·메시지를 통해 시인의 상황·감정·메시지를 읽게 한 것이죠. 그러니까 이 수업은 상황·감정·메시지를 두고, 화자와 시인과 내가 나누는 대화였던 것이죠.

윤동주의 〈돌아와 보는 밤〉으로 '울분'을, 〈길〉로 '부끄러움'을, 〈쉽게 씌어진 시〉로 '위로'를 배웠어요. 또 고재종의 〈첫사랑〉으로 '첫사랑'을, 최영미의 〈선운사에서〉로 '그리움'을, 김소월의 〈산유화〉로 '외로움'과 '고독함'을, 황인숙의 〈봄눈 오는 밤〉으로 '예쁨'과 '아름다움'을, 나태주의 〈풀꽃〉으로 '사랑'을, 황동규의 〈세일에서 건진 고흐의 별빛〉과 정약용의 〈보리타작〉으로 '성취감'을 배웠어요.

그렇게 시 수업을 진행했더니 놀라운 일이 벌어졌어요. 8학급에서 일주일에 두 시간씩, 각 학급 20명 내외의 학생들과 6차시에 걸쳐 9편의 시 수업을 했어요. 그랬더니 시에 대한 1920여 개의 댓글이 달렸고, 30여 편의 시 영상이 제작되었으며, 160여 편의 시평이 업로드되었고, 그중 100여 편은 A4용지 세 페이지 분량의 깊이 있는 글이 되었어요. 이 글들은 카카오 브런치의 모바일북 〈내 인생의 시〉로 발간되었고요. 이게 대체 어떻게 가능한 일이었을까요? 지금부터 그 빙법을 하나하나 공유해볼게요.

시 수업을 유튜브로

진행하면 좋은 점 5가지

'나의 감정 읽기' 시 수업을 하기 위해서는 무엇보다 먼저, 교사와 학생이 일대일로 만나야 해요. 일반적인 교실 상황에서는 어려운 일이죠. 교사가 진행해야 할 강의가 있으니까요. 상의를 하면서 학생 한 명 한 명과 일일이 대화를 나눈다는 건 불가능해요. 그런데도 욕심이 났어요. 교사와 학생이 일대일로 만나는 시 수업, 어떻게 하면 가능할까요?

그래서 제가 찾은 방법이 온라인 유튜브를 활용하는 것이었어요. 동영상 강의를 미리 제작해서 유튜브에 올리고, 수업 시간에 학생들은 강의 영상을 시청하죠. 그리고 교사인 저는 그 시간에 교실을 자유롭게 거닐면서 학생들과 일대일로 만날 수 있었어요. 이 새로운 수업 방식은 제게 그야말로 놀라운 세상을 열어주었습니다.

교사와 학생 모두 자신의 속도에
맞출 수 있어 좋았어요

유튜브 수업이 좋았던 점은 우선, 배속이 가능하다는 것이었어요. 학생들이 평소 자신에게 익숙하던 속도로 제가 준비한 시 수업을 소화할 수 있었거든요. 평소 1.25배속에 익숙하던 학생도, 1.5배속에 익숙하던 학생도, 심지어 1배속을 따라가기 힘들어하던 학생도 저마다의 속도에 맞춰 시 수업을 시청할 수 있었어요.

시대에 따라 정보 전달의 속도가 다르죠. 붓이나 펜으로 글을 전하던 시대에서 가공할 속도의 키보드 시대를 건너, 이제 영상을 실시간 라이브로 전하는 시대가 되었죠. 더 놀라운 것은 이 영상을 사람들이 자기 속도에 맞춰 1.25배속, 1.5배속, 심지어 2배속으로도 시청 가능한 시대라는 것이죠. 21세기 대한민국의 청소년들에게 이 속도는 이미 익숙한 것이에요. 영상 언어의 원어민인 학생들은 영상물을 배속으로 보죠. 그래서 어떤 학생들에게는 1배속의 대화가 느리게 느껴지기도 해요. 마치 성인에게, 세 살 아이한테 동화책을 읽어주는 속도로 말을 건다면 느낄 만한 갑갑함과 비슷할 거예요.

물론 모든 학생이 다 그렇게 빠른 속도로 영상을 보는 것은 아니에요. 어떤 학생들은 여전히 1배속으로 영상을 시청하죠. 여기에서 진짜 문제가 발생해요. 그러니까 진짜 문제는, 학생들이 정보를 주고받는 속도가 저마다 다르다는 것이에요. 그렇게 저마다 다른 속도에 익숙했던 학생들이 학교에 오면 너무 낯선 상황에 놓이게 되는 거예요. 모든 학생이 단 하나의 속도에 맞춰야 하죠. 바로 교사의 속도 말이에요. 이것이 시 수업에 대한 학생들의 몰입을 방해했다고 생각해요. 교사는 전혀 의도하지 않았겠지만 결국 그렇게 되었죠. 세상이 변했기 때문이에요. 그런데 유튜브로 시 수업을 진행하니 학생들이 자신의 속도에 맞출 수 있었어요.

학생들이 시 수업에 더 깊이 몰입해서 좋았어요

시 수업을 유튜브로 진행했더니, 학생들은 교사와 일대일로 만난 듯 강의에 몰입했어요. 개인별로 지급된 노트북 화면이 학생의 시선을 교사의 얼굴에 집중시키고, 노트북과 연결된 이어폰이 학생의 귀를 교사의 목소리에 집중시켰기 때문이에요. 수업의 매체가 공동의 칠판에서 개인의 노트북으로 전환

된 거죠.

칠판은 한때 최첨단 교육 매체였어요. 한 사람이 가진 정보를 많은 사람에게 실시간으로 전할 수 있는 그만 한 매체는 없었죠. 1500년대 유럽에서 작곡을 하던 일부 귀족들이 사용하던 칠판은 1800년대에 학교가 발명되어 유럽 전역에 보급되면서 폭발적으로 확산했어요. 일반 대중이 칠판이라는 최첨단 매체를 사용할 수 있는 곳은 학교가 유일했죠. 그렇게 칠판은 지난 200여 년 동안 전 세계 학교에서 활용된 위대한 교육 매체예요. 하지만 지금은 그 효용을 많이 잃었죠. 칠판보다 더 빠르고 정확하며 화려하게 정보를 전달할 수 있는, 게다가 학생 개개인에게 맞춰 속도까지 조절할 수 있는 매체가 나타났기 때문이죠.

학생들에게 노트북으로 유튜브 시 수업을 시청하게 했더니, 일단 수업 진행을 방해하던 학생들의 목소리를 거의 완전하게 지울 수 있었어요. 시 수업에 참여하려는 의지가 조금이라도 있는 학생은 정말 깊이 몰입할 수 있었죠. 최소한 방해를 받지는 않았어요. 또, 교실 안에서의 위치와 관계 없이 학생들이 수업에 몰입할 수 있었던 것도 정말 좋았어요. 교실의 맨 앞자리건 뒷자리건, 학생들은 똑같이 영상 속의 교사와 일대일로 만났으니까요. 평소라면 좀 더 자유롭다고 느꼈을 '교실 뒤쪽에 앉은 학생들'이 오히려 더 긴장했죠. 유튜브 속 자신에게 강의를 맡긴 교사가 교실 뒤편까지도 서성였으니까요.

그런데 유튜브 시 수업이 가장 좋았던 점은 따로 있어요. 바로 마음껏 반복할 수 있다는 점이었죠.

시 수업을 마음껏 반복할 수 있어서 좋았어요

시험 기간이 되자 더욱 놀라운 일이 벌어졌어요. 우리 학교 학생 수는 대략 160명인데, 유튜브 시 수업 영상의 조회수가 200회를 넘어 300회를 향해 갔다는 것이에요. 특히 시험 기간 직전에는 조회수가 급격히 올라갔어요. 학생들이 시험을 대비해 유튜브 수업 영상을 다시 본 거죠. 그런데 더 이상한 일은 시험이 끝났는데도 조회수가 계속 올라간 거예요. 시험 기간 직전만큼 폭발적이진 않았지만, 조회수는 어느새 400회를 넘어 500회를 향하고 있었죠. 이게 대체 어떻게 된 일일까요?

시험이 끝나고 나서도 일부 학생들이 유튜브 시 수업을 계속 들었던 것이죠. 시 수업의 어느 부분이 마음에 들었던 학생들이 그 부분을 다시 들었어요. 시 수업의 어느 회차 수업이 마음에 들었던 학생들이 그 수업을 통째로 다시 들었어요. 유튜브를 클릭하고 즐겨찾기를 찾은 다음, 이어폰을 꽂고 영상을 클릭하고, 몇 번이고 몇 번이고 반복해서 들었어요. 버스를 타고 가다가 듣고, 지하철을 타고 가다가 듣고, 설거지를 하면서 듣고, 알바를 하면서 듣고, 그러다 어느 순간 마음이 쿵 하는 때가 생기면, 가만히, 멈춰 섰던 것이죠.

심지어 1년이 지나 저와 헤어진 다음에도 학생들의 유튜브 리스트에 저의 시 수업 영상이 보이기도 했어요. 유튜브 알고리즘이 제 영상을 학생들에게 인도한 것이죠. 저는 해마다 시 수업 영상을 새롭게 녹화하는데, 그렇게 새로 올린 영상이 알고리즘을 타고 학생들에게 도착한 것이죠. 그렇게 난데없이 시 수업을 다시 만난 학생들이 제게 메시지를 보내는 때도 있었어요. 저는 이것도 나쁘지 않았어요.

여기에 마지막으로 하나 더, 제가 전혀 예상하지 못했던 좋은 점이 있었어요.

교사인 제가 시 강의를 깊이 좋아하게 되었어요

저는 유튜브 시 수업을 진행하고 난 후, 시 강의에 흠뻑 빠져버렸어요. 이제까지 제게 시 수업은 번거롭고, 부끄럽고, 힘들고, 어려운 것이었어요. 그런데 이제는 깊고, 넓고, 자유롭고, 즐거운 작업이 되었죠. 제가 원래 사랑했던 시의 매력을 시 강의에서도 고스란히 느낄 수 있었어요. 이것이 가능했던 이유는 오직 하나, 그 공간에는 오로지 시와 '나'만 존재했기 때문이죠.

혼자 남아, 노트북을 앞에다 두고, 강의를 녹화했어요. 어떤 학생도 없이, 어떤 방해도 없이, 오직 시와 '나'만 있었기에 모든 이야기를 할 수 있었죠. 제가 이 시를 만나면서 느꼈던 아픔을, 추억을, 전율을, 감탄을, 그러니까 시를 통해 느낀 제 감정을 깊고 넓게, 자유롭고 즐겁게 이야기할 수 있었어요. 그러니까 교사인 제가 먼저 시 수업에 완전히 감정적으로 몰입할 수 있었던 것이죠.

만약 제가 학생들 앞에 서서 강의를 진행했다면 이런 시 수업은 할 수 없었을 거예요. 제 앞에서 하나둘 엎어지는 학생들을 보았다면, 수업에 하나도 관심 없이 떠드는 학생을 보았다면, 한숨을 푹 쉬며 "아… 언제 끝나냐…" 하는 학생을 보았다면, 그랬다면 절대 이런 수업은 할 수 없었을 거예요. 아무리 똑같은 수업 대본을 들고 교실에 들어갔다고 해도 절대 똑같이 읊지는 못했을 거예요. 혹 대본대로 읽었을지는 몰라도, 시를 통해 느낀 제 감정을 고스란히 드러내지는 못했을 거예요.
그러다 문득 든 질문은, 바로 이것입니다.

"교사의 수업은
작품이 될 수 없을까?"

교사가 그렇게 애써서 만든 강의는 왜, 작품이 될 수 없었을까
요? 그것은 혹시 우리가 우리의 수업을 기록하지 않았기 때문
은 아닐까요? 그러다 뻗어나간 상상이 있습니다. 만약 대한민
국의 국어 교사들이 모두 100만 유튜버라면, 어떤 일이 벌어
질까? 선생님들이 저마다 재미와 의미가 가득한 콘텐츠를 만
들어 학생들의 유튜브 리스트에 수시로 출몰한다면 어떤 일
이 벌어질까? 상상이 몽글몽글 피어납니다. 알 수 없는 일입니
다. 하지만 분명히 알고 있는 것이 있습니다.

제가 예전처럼 그냥 강의식 수업을 했다면, 이렇게 많은 반
응을 만날 수 없었을 거예요. 그 댓글에 담긴 이야기들을 만
날 수 없었을 거예요. 시 한 편과 강의 한 편을 통해 학생들이
자기 삶을 돌아보고, 따져보고, 서로 묻고 답하는 그런 기회를
누릴 수 없었을 거예요. 그냥 강의식 수업을 했다면 아마도,

늘 그랬던 것처럼, 제가 준비한 말을 다 하기도 힘든 그런 시간이었을 거예요. 제가 충분히 솔직하게 제 이야기를, 제 감정을, 제 감동을 이야기하기는 어려운 시간이었을 거예요. 제가 학생들 한 명 한 명에게 질문을 던지고, 한 명 한 명에게 대답을 듣기란 애초에 불가능한 수업이었을 거예요.

시를 좋아하시는 선생님께 이 수업을 권합니다. 대화를 즐거워하시는 선생님께 이 수업을 권합니다. 학생들과 자신의 감정과 이야기를 솔직하게 나누는 것이 아프고 힘들면서도 기쁘고 설레는 모든 선생님께 더 권합니다. 부디 도움이 되었으면 합니다.

유튜브로 진행하는

시 수업 4단계

시 수업을 온라인 유튜브로 진행하려면, 먼저 교사가 시 강의를 직접 녹화해야 합니다. 이때 저는 어떠한 시를 만나든 다음의 순서에 따라 강의를 기획하고, 준비하고, 녹화했습니다.

준비: PPT 제작

강의 녹화 전에 먼저 PPT를 제작합니다. 유튜브 영상은 기본적으로 PPT 화면을 기본으로 만들기 때문입니다. PPT를 만들 때 중요한 원칙이 있습니다. 글자 수는 되도록 적게 하고, 이미지는 되도록 크게 하는 것입니다. 화면에 글자가 많으면 학생들이 쉽게 피곤해합니다. 필요한 설명은 교사가 강의하면 됩니다. 강의는 학생들이 원하면 얼마든지 다시 보고 들을 수 있으니까요.

핵심적인 내용을 키워드와 이미지로 전달합니다. 그 키워드와 이미지가 학생들 마음에 박히면 수업은 성공입니다. 그 이미지와 키워드가 학생들 안에서 움직이기 시작하면 자연스럽게 질문이 생기기 때문입니다.

PPT의 스토리라인을 만들 때 중요한 원칙이 있습니다. 감정으로 시작해서 구체적인 학습으로 나아가는 것입니다. 감정에서 시작하는 시 수업은 늘 학생들의 몰입을 잘 이끌어냈습니다. 학습 의욕이 차갑게 식은 학생들도 참 좋아했습니다. 의욕이 뜨거운 학생들은 더 좋아했습니다. 내가 배우는 시가 내 삶에 어떻게 적용되고 반영되는지 구체적으로 확인할 수 있기 때문이지요. 지식의 효능감이 대단한 수업입니다.

감정을 소개하고, 감정에 대해 질문하고, 이 감정이 담뿍 담긴 시 한 편을 소개합니다. 그리고 이 감정은 왜 생겼는지, 어떻게 생겼는지, 시 속의 화자는 그 감정을 어떻게 대하고 있으며 또 어떻게 해소했는지 알아보는 것이죠.

1단계: 기본 내용 파악

먼저 시를 한 번 읽습니다. 그리고 한국 사람이라면 누구나 이해할 수 있는 기본적인 내용을 확인합니다. 특별한 배경지식 없이, 특별한 표현법에 대한 해설 없이, 정말 이 시를 처음 만난 사람처럼 함께 읽었습니다. 그리고 그 선에서 이해 가능한 기본적이고 기초적인 사실들을 확인했습니다.

2단계: 깊고 넓은 이해

기본 내용 파악 정도로는 이해할 수 없는, 깊이 있고 꼼꼼한 이야기들을 함께 했습니다. 특별한 배경지식이 없어도 독자에게 전해지는 시의 은유와 상징을 꼼꼼하고 깊이 있게 이해해보려 했습니다. 그러면서 시의 화자가 어떤 상황에서 어떤 감정을 느끼고 있는지 파악해보는 것이죠. 그렇게 시 전반에 대한 해석을 합니다.

3단계: 공감, 추론, 비판, 상상

화자의 상황과 감정과 메시지에 대해서 공감하고, 추론하고, 비판하고, 상상하는 것입니다. 시의 독자로서 우리는 화자의 상황과 감정과 메시지에 동의할 수도 있고, 반대할 수도 있습니다. 중요한 것은 솔직한 것입니다. 직면하는 것입니다. 화자의 상황과 감정과 메시지가 세상에 오직 단 한 사람, 나에게 두 눈을 마주하고 건네진 것처럼 대하며 답하는 것입니다.

화자의 상황·감정·메시지에 대한 공감, 추론, 비판, 상상의 질문을 시 한 편당 적게는 3개에서 많게는 6개까지 만들었습니다. 그리고 교사인 제가 먼저 이 질문 중 몇 가지를 선택해서 저만의 이야기를 들려줍니다. 그리고 학생들에게는 이 질문 중 2개를 선택해서, 네이버 밴드에 비밀댓글로 쓰게 했습니다.

4단계: 표현법과 배경지식

이 단계에 이르러서야 비로소 표현법을 분석해 전달했습니다. 그리고 시와 시인과 시대에 대한 배경지식을 정리해 전달했습니다. 표현법과 배경지식에 관한 해설을 수업의 마지막에 둔 이유가 있습니다. 학생들이 시의 감정을 먼저 만나기를 바랐기 때문입니다. 그런 다음에 학생들이 그 감정의 이유를 찾아보기를 바랐습니다. 왜냐하면 우리가 이미 그렇게 살고 있기 때문입니다.

그러니까 우리가 사람을 만나는 순서대로 시를 만나기를 바랐습니다. 우리는 사람을 만날 때, 그 사람이 얼마나 매력적인지, 얼마나 사랑스럽고 아름다운지를 직접 보고 느낀 다음에야 그 사람에 대해 알아보고 싶어지니까요. 또 시의 상황과 감정과 메시지를 아무리 들여다봐도 이해가 가지 않던 것들이, 시인의 상황과 삶과 시대를 들여다보니 그제야 이해가 될 수 있죠. 이것이 또 시 공부의 재미입니다. 저는 이 순서를 따르는 것이 좋았습니다.

강의 녹화와 수업을 위해 필요한 몇 가지

강의 녹화를 준비하면서 가장 중요하게 여긴 원칙이 있습니다. 그것은 '교사가 지치지 않는 수업'이어야 한다는 것이었어요. 그래서 다음과 같은 준비를 했습니다. 저에게는 정말 지치지 않는 방식이었는데, 부디 선생님들께도 도움이 되었으면 합니다.

영상 촬영은 노트북으로 했고, 영상 촬영 프로그램은 줌을 활용했습니다. 줌에 화면 녹화 기능이 있는데, 저한테 필요한 기능은 이 정도면 충분했습니다. 줌 화면 설정은 '자료공유-고급-ppt를 배경화면으로'를 클릭하면 준비 완료. 줌 설정을 마치고 '영상녹화'를 클릭하면 노트북이 그대로 카메라이자 녹음기가 됩니다. 저는 학교에서 지급한 구형 노트북으로 충분했어요. 요즘 보급형 노트북으로도 충분한 화질과 음질을 확보해주더군요.

화면 구성은 학생이 볼 때 왼쪽에 시 본문이 보이고, 중앙 메인에 제 PPT 강의 내용(텍스트와 이미지)이 보이고, 오른쪽 아래 구석에 제 얼굴이 보이도록 배치했어요. 촬영은 학교 방송실에서 했습니다. 일과 중 공강 시간에 늘 비어 있고, 방음과 흡음 장치가 대단히 훌륭해서 별다른 장비 없이 노트북 한 대만으로도 강의가 깔끔하게 녹화되었습니다.

녹화한 강의를 제 유튜브 채널에 업로드합니다. 자신의 유튜브 채널에 있는 '더하기' 버튼을 클릭한 후, 요청하는 대로 파일을 끌어다 놓고, 질문에 답하고, 몇 가지 설정을 하면 됩니다. '유튜브에 영상 업로드하는 방법'이라고 검색하면 정말 쉽고 친절하게 알려주는 영상이 많습니다.

유튜브에 업로드할 때 전체 공개가 부담스럽다면 부분 공개도 가능합니다. 링크가 있는 사람에게만 영상이 공개되는 설정이죠. 부분 공개를 하면 영상 공유를 비교적 최소화할 수 있습니다. 그래도 온라인 세상에 얼굴을 공개하는 게 부담스러울 수 있어요. 그럴 때는 간단한 애니메이션을 활용해 얼굴을 감추는 방법도 있습니다. 이 기술은 나날이 발전하고 있어서 제가 여기에서 소개하는 것은 효과적이지 않은 듯해요. '이미지 얼굴 바꾸기'라고 검색하면 관련 앱과 프로그램을 만날 수 있습니다.

다만 제 경험으로는, 교사가 얼굴을 공개하는 것이 교육적으로 더 효과적인 것 같습니다. 시 속 화자의 상황과 감정과 메시지를 전할 때 교사의 표정은 너무나 중요하거든요. 교사는 활자로 전해진 상황과 감정과 메시지를 학생들에게 4D로 전하는 살아 있는 매체입니다.

물론 위험은 있습니다. 만에 하나지만, 지금처럼 이미지를 왜곡하는 것이 손쉬운 세상에서 어느 누가 교사의 이미지를 어떻게 망가뜨릴지 알 수 없습니다. 그런 위험이 우려되는 상황이라면 당연히 교사의 얼굴을 온라인에 공개하는 것은 피하는 게 좋겠지요.

강의 영상의 길이는 40분 내외로 했는데, 영상 촬영은 한 번에 끝냈습니다. 중간에 실수하면 실수한 대로 했습니다. 오히려 나중에 실수한 장면만 모아서 '실수클립모음-AS특별판' 영상을 만들어 업로드하기도 했습니다. 원샷 촬영을 원칙으로 삼은 이유는 역시 '교사가 지치지 않는 수업'을 위해서였어요. 그게 제게는 가장 중요했습니다.

교실 수업 시간에는 이렇게 진행했습니다.

여분의 노트북 10개와 이어폰 10개를 담은 카트를 끌고 교실에 들어갑니다. 출석을 확인한 후 오늘 강의에 대한 간략한 소개를 하고, 학생들이 개인 노트북과 이어폰을 꺼내게 합니다. 그리고 네이버 밴드에 올린 링크를 통해 강의 영상을 시청하게 했습니다. 처음 약 10분 동안은 각 기기의 이상이나 연결 상태를 확인하고 점검해주는 등 학생들의 편의를 돌봤습니다.

학생들이 영상 시청에 몰입하면, 저는 교실의 맨 뒤에 있는 졸방대 책상에 노트북을 한 대 올려놓고 학생들을 살폈습니다. 제 앞으로 20명의 학생들 앞에 20개의 모니터가 보이고, 20명의 또 다른 내가 학생들에게 강의를 진행하고 있었습니다.

생각해보면, 신기하고도 놀라운 광경이었습니다. 그러니까 이 수업은 교실에 21명의 교사가 있는 셈이었습니다. 또 다른 내가 20명이 더 있었습니다. 그러니까 이 수업은 내가 나와 함께 하는 팀티칭인 것이죠.

생각해보면, 신기하고도 놀라운 광경이었습니다. 그러니까 이 수업은 교실에 21명의 교사가 있는 셈이었습니다. 또 다른 내가 20명이 더 있었습니다. 그러니까 이 수업은 내가 나와 함께 하는 팀티칭인 것이죠.

학생들을 몰입하게 만드는

진짜 힘, 비밀댓글

04

학생들의 감정을 끌어내는 질문을 만들기 위해서는 먼저, 시에서 묘사된 상황을 살펴야 합니다. 시의 화자가 언제, 어디서, 무엇을, 어떻게, 왜 하고 있는지, 그리고 그 상황에서 화자가 어떤 감정을 느끼고 있는지 살펴야 합니다. 이 상황과 감정이 흘러가는 과정을 하나씩 정리하는 것이죠.

일단 세 명의 상황과 감정을 살펴야 합니다. 먼저 살펴야 할 사람은 당연히 시 속의 화자입니다. 그리고 다음은 독자, 즉 학생입니다. 학생들을 화자가 머문 상황과 감정으로 불러와서, 자신도 언젠가 겪었을 상황과 감정을 묻는 것이죠. 그렇게 화자와 자신의 입장에서 시의 상황과 감정을 이해한 후에, 학생들과 함께 물었습니다. 이런 상황과 감정을 이야기한 시인은 대체 어떤 상황에 있었고, 어떤 감정을 느꼈을까? 그렇게 학생들에게 시인에 대해서 강의했습니다.

예를 들면, 윤동주의 〈돌아와 보는 밤〉에서 화자는 세상에서 방으로 돌아와 불을 끄고 있다가, 창문을 열어 환기를 하려고 했다가, 비에 젖은 길이 그대로 젖어 있는 것을 보고 울분에 빠졌다가, 마음속으로 흐르는 소리를 듣고 사상이 익어갑니다. 이것을 학생들에게도 고스란히 묻는 것이죠.

당신은 세상에서 방으로 돌아와 불을 끄고 가만히 있었던 때가 있었나요? 있었다면 어떤 상황이었나요? 당신은 무언가를 바꾸려고 혹은 무언가를 이루려고 노력하고 또 노력했는데, 결국 이루지 못해서 울분에 빠진 적이 있었나요? 있었다면 어떤 상황이었나요? 울분에 빠졌다가 크게 울고 다시 또 크게 화를 낸 후에 마음의 소리를 들었나요? 들었다면 어떤 소리를 들었나요? 어떤 결론을 내렸나요? 이런 방식으로 아이디어를 정리했습니다.

그렇게 학생들과 함께 화자와 자신의 상황, 감정에 대해서 이야기를 나눈 후 마지막에 시인에 대해서 물었습니다. 윤동주가 겪은 세상은 어떤 모습이었을까요? 윤동주에게 세상은, 빛은, 밖은 왜 고통이었을까요? 윤동주가 바꾸려고 했던 것은 무엇이었을까요? 윤동주가 바꾸려고 애썼지만 결국 아무것도 바꾸지 못한 그것은 무엇일까요? 윤동주가 들은 마음의 소리란 어떤 것일까요? 윤동주가 마침내 얻은 사상이란 어떤 내용일까요? 이러한 질문에 대한 답을 학생들에게 강의한 것이죠.

강의 영상을 보고 나면 학생들에게 시에 관한 질문들이 제시됩니다. 적게는 3개에서 많게는 6개 정도로, 질문의 내용은 다르지만 형식은 같습니다. 한 사람이 감정을 느끼는 상황을 정리하고, 화자와 자신이 그 감정에 이르게 된 과정을 묻는 것이었습니다.

학생들은 그중에서 마음에 드는 2개를 골라 비밀댓글로 답합니다. 이 활동이 정말 근사했어요. 네이버 밴드에는 '비밀댓글' 기능이 있는데, 질문에 대한 답을 비밀댓글로 쓰게 했더니 학생들이 정말 솔직하게 글을 쓰더군요. 시에 대한 질문에 답하는 또박또박한 글부터, 자신의 삶과 상처에 대한 무거운 성찰까지, 댓글의 깊이와 색깔은 다양했지만 한 가지 공통점이 있었죠. 글이 굉장히 깊어졌다는 것입니다.

깊었다는 건, 솔직했다는 것입니다. 비밀댓글 안에서 학생들은 더 깊이 솔직했어요. 공개댓글에서는 결코 만나지 못했던 솔직함이었습니다. 이렇게 용기를 내준 학생들의 글을 그냥 보내고 싶지 않았습니다. 무엇보다, 내가 나의 이야기를 솔직하게 하면 세상의 누군가는 분명 응답해준다는 경험을 학생들에게 주고 싶었습니다. 그래서 학생들의 비밀댓글에 하나하나 비밀대댓글을 썼습니다. 학생의 이야기에 대한 공감과 제가 살아온 이야기를 함께 전했습니다. 그것은 분명 학생의 솔직함에 대한 애정에서 비롯한 것이었지만, 그것이 가능했던 데에는 더 근원적인 이유가 있습니다.

그것은 바로 교사가 이런 일을 해낼 수 있는 '상황' 덕분이었어요. 그러니까 제가 수업 시간에 비밀대댓글을 쓸 수 있었던 것은 제게 '시간'이 있었기 때문입니다. 강의로 바쁜 사람은 유튜브 속의 저였습니다. 교실 속의 저는 학생들 사이를 거닐며 정말 여유가 있었죠. 그렇게 여유 있게, 하나씩 올라오는 학생들의 댓글에 집중했습니다. 학생들의 솔직함에, 학생들의 상황과 감정과 메시지에 집중했습니다. 학생들의 이해와 분석과 성찰과 통찰에 집중했습니다. 못 다 쓴 대댓글은 공강 시간을 이용해 썼습니다.

학생들의 댓글에 일일이 답을 해주는 것은 물론 쉬운 일이 아닙니다. 하지만 학생들과 비밀댓글을 나누는 동안 저는 즐거웠습니다. 시 한 편을 통해, 수업 한 시간을 통해, 학생들과 이렇게 솔직한 대화를 나눌 수 있어서 좋았어요. 시에 대해, 삶에 대해, 자신에 대해, 세계에 대해, 이렇게 깊은 대화를 나눌 수 있어서 좋았어요. 돌아보건대 저는, 이런 대화를 나누고 싶어서 국어 교사가 된 것 같습니다.

불안과 공포와 의심이 일상이 된 시대에 이렇게 안전하게 자신을 드러내는 다정한 대화는 학생들에게도 희귀한 일인 듯합니다. 신중하게 자신을 읽어주고, 따뜻하게 자신을 지켜보며, 자신의 선택과 노력을 응원해주는 어른이 곁에 있다는 것을 학생들은 거의 느껴보지 못한 것 같습니다. 비밀댓글이 거듭될수록 우리의 글은 더 깊고, 더 다정해졌습니다. 복도에서, 수업에서 만나는 학생들의 눈빛도 점점 더 부드러워졌습니다. 학생들의 삶도, 그리고 저의 삶도, 그렇게 부드러워지기를 기원합니다.

05

감정과 찰떡같이 붙는

시 수행평가 4가지

시는 돌려 말하는 것이 아니라, 정확하게 말하는 것이지요. 나의 상황을, 나의 감정을, 나의 메시지를 정확하게 전하기 위해, 나와 내상과 세상을 관찰하고 생각하고 돌아보는 시간을 학생들과 함께 가져보고 싶었습니다. 그래서 시가 내 삶의 어느 순간에 가까이 다가와 있음을 즐겁게 누려보고, 시의 재미와 의미가 내 감정의 한 장면으로 이어지기를 바랐습니다. 시가 나와는 상관없는 암호 풀이라거나, 난데없는 역사 지식이 정답이 되는 문제 풀이 같다거나, 혹은 모든 질문의 답이 '일제강점기'로 수렴되는 것은 아니라는 것을 함께 느껴보고 싶었지요. 그래서 다음과 같은 시 수행평가를 해보았습니다.

내 인생의 시

(1) 다섯 가지 상황 중에서 마음에 드는 한 가지를 고릅니다

학생들에게 미래의 상황을 상상해서 '내 인생의 시'를 한 편 선택해 글쓰기를 하는 수행평가를 진행했습니다. 먼저 다음 다섯 가지 상황 중에서 마음에 드는 한 가지를 고르게 했습니다.

> 10년 후, 내 사랑하는 이에게 바치는 시
>
> 20년 후, 나 자신에게 바치는 시
>
> 30년 후, 내 자식에게 바치는 시
>
> 50년 후, 돌아가신 내 부모님께 바치고 싶은 시
>
> 70년 후, 내 장례식장에 찾아온 이들에게 바치고 싶은 시

(2) 자신이 고른 상황에 어울리는 시를 한 편 선택합니다

학생들의 참여 욕구나 학습 의욕이 높은 상황이라면 학생 인원수보다 더 넉넉하게 시집을 준비해서 나눠주고, 그중에서 시를 고르게 해도 좋습니다. 대개 김소월, 윤동주, 이시영, 정호승, 황지우, 황동규, 안도현, 도종환, 이문재 시인의 시가 학생들에게 호응이 좋았습니다. 대부분 한 페이지 이내의 분량으로, 일상에서 볼 수 있는 소재에 깊은 통찰과 성찰을 담은

시들이죠. 이들의 시집을 마구마구 사서 학생들 사이사이에 뭉텅뭉텅 놓고, 최소한 한 시간 정도는 학생들이 시 속에서 마음껏 거닐게 하면 좋습니다.

학생들의 참여 욕구나 학습 의욕이 낮은 상황이라면 이 수행평가는 학기말에 실시하고, 한 학기 동안 배웠던 시인의 작품 중에서 몇 편을 모아(역시 한 페이지 이내의 분량으로, 일상에서 볼 수 있는 소재에 깊은 통찰과 성찰을 담은 시) 학생 수만큼 인쇄해서 나눠주고, 그중에서 고르게 하면 좋더라고요.

(3) '내 인생의 시' 학습지 질문에 답합니다

학생들이 시 한 편을 선택하고 나면, '내 인생의 시' 학습지를 나눠줍니다. 여기에 시 제목과 시인의 이름, 자신의 이름을 쓴 뒤 6개의 질문에 답합니다. 그중 3개는 필수질문이고, 3개는 선택질문(1개 이상 답변)입니다. 질문 하나당 5줄 이상만 작성하면 수행평가 5점 만점을 주었습니다. 질문은 다음과 같습니다.

1. **누구냐, 넌?**(필수) 이 시에서 '말하는 이'는 어떤 사람인가요? 언제, 어디서, 어떤 상황에서, 어떤 감정을 느끼고 어떤 고민을 하고 있나요? 시인은 어떤 사람일까요? 언제, 어디서, 어떤 경험을 했기에, 어떤 감정과 고민을 느꼈기에 이런 시를 썼을까요? 마음껏

상상해서 써주세요.

2. **명장면, 명대사**(필수) 시 중에서 가장 기억에 남는 시구를 써주세요.
그리고 그것이 어떤 상황에서 나온 말인지, 어떤 감정과 어떤
생각에서 나온 말인지, 어떤 상황과 어떤 의미인지 써주세요.
그리고 자신에게 이 구절이 명장면, 명대사인 이유를 써주세요.

3. **데자뷔**(선택) 시 속 내용과 비슷한 경험을 써주세요. 시 속의 말하는
이와 비슷한 감정, 비슷한 고민, 비슷한 상황에 있었던 이야기를
써주세요. 비슷하다고 생각한 이유를 써주세요.

4. **링크링크**(선택) 시를 읽으면서 떠올랐던 소설, 영화, 뉴스, 드라마,
뮤비, 음악 등을 써주세요. 시와 그 작품들이 왜 비슷하다고
생각했는지 그 이유를 자세하게 써주세요.

5. **너에게 보내는 이유**(필수) 이 시를 내가 선택한 이들에게 보내려는
이유를 쓰세요. 이 시가 어떤 의미가 있는지, 이 시의 어떤 내용이
상대에게 전해지기를 바라는지 구체적이고 명확하게 써주세요.

6. **당신을 위해**(선택) 시 속의 나는 어떤 상황에 있나요? 어떤 감정을

느끼고 어떤 생각을 하고 있나요? 이 사람에게 필요하거나 어울리는
창작물은 무엇인가요? 어떤 음식, 어떤 뷰티, 어떤 패션을 추천하고
싶은가요? 그 이유는 무엇인지 설득력 있게 자세하게 써주세요.

(4) '내 인생의 시' 글쓰기 양식에 답합니다

학생이 '내 인생의 시' 학습지의 질문에 답하고 나면, 교사의
승인 후 노트북으로 네이버 밴드에 접속합니다. 이곳에서 '내
인생의 시: 워드 글쓰기' 양식을 다운받은 후, 학습지에 작성했
던 대답을 바탕으로 A4용지 3페이지 분량의 글을 완성합니다.

너의 '내 인생의 시'를 읽은 사람에게 다음 3가지 중 2가지 이상은
전달되어야 해.
① 감정(필수) / ② 메시지(선택) / ③ 정보(선택)
셋 다 전달되면 최고의 글이고, 최소한 셋 중 두 가지는 너의 글을
읽는 사람에게 반드시 전해져야 해. 그리고 써보면 알게 되겠지만,
정말 좋은 글은 먼저 '감정'이 전달되어야 해. 그래야 메시지도, 정보도
전달된단다. 너희의 멋진 에세이를 기대할게.

평가는 간단하게 했습니다. 글의 분량에 따라 점수를 주
는 아주 간결한 양적 평가입니다(1p=5점, 2p=6~7점, 3p=8~9점,

4p=10점). 하지만 이 평가는 질적 평가이기도 합니다. 이것을 가능하게 만든 평가 기준 두 가지가 있습니다.

첫째, 반복하지 말 것. 학생들에게 수행평가를 안내하면서 '같은 내용을 반복하면 안 된다'고 엄중하게 전했습니다. 만일 같은 내용을 반복하는 부분이 있다면, 그 부분은 분량에서 제외하겠다고 말했습니다.

둘째, 두 살 어린 동생을 대상으로 글을 쓸 것. 학생들에게 쉽고 명확하고 친절한, 자신의 경험이 풍부하게 들어간 글을 써달라고 요청했습니다. 그런데 학생들 대부분은 그 의미를 잘 이해하지 못했어요. 혹은 이해해도 그것을 어떻게 실현해야 할지 어려워했어요. 그런 학생들에게는 이렇게 다시 요청했습니다.

"네가 지금 쓰는 글은 선생님에게 쓰는 글도 아니고, 친구들에게 쓰는 글도 아니야. 너보다 두 살 어린 동생한테 쓰는 글이야. 동생이 너의 글을 읽고, '아, 형이, 누나가, 언니가, 오빠가 어떤 상황이었는지, 어떤 감정이었는지, 어떤 것을 말하고 싶었는지 알겠어. 정말 그런 상황이 되면 그런 감정이 되고 그런 생각을 할 수 있겠네. 진짜 힘들었겠네, 외로웠겠네, 열받았겠네, 진짜 눈물 났겠다, 진짜 신났겠다, 근데 이 글, 진짜 재밌다!'라는 말을 들을 수 있는 글을 써보는 거야."

이 정도 요청이면 학생들 대부분은 충분히 자신의 역량을 마음껏 펼쳐 보였던 것 같습니다.

감정-메시지-쓰기

(1) 감정이 넘쳐흘렀던 순간 10가지, 그때 내 곁에 있던 물건 10개

학생들에게 자신의 감정이 넘쳐흘렀던 때를 떠올려보게 했어요. 그리고 그때 내 곁에 있던 물건을 하나씩 써보게 했지요. 그렇게 10개의 사건과 10개의 물건을 짝지어 학습지에 적게 했습니다. 이를 위해서 제 이야기를 먼저 보여주었지요. 칠판에 가득 저의 상황과 감정과 메시지를 적었어요. 우선 '감정' 과 '메시지' 이 두 낱말을 칠판에 크게 써놓고, 그 사이사이에 제가 겪었던 상황과 그때의 감정, 그때 내 곁에 있던 물건들을 적었습니다. 슬프고 괴로웠던 때, 기쁘고 즐거웠던 때, 지루하고 심심했던 때도 썼습니다. 학생들은 칠판을 채워가는 저의 이야기를 보면서 궁금해하고 재미있어하다가, 골똘히 자신의 안으로 들어갔습니다.

(2) 10개의 물건 중 3개를 선택해서 각각 한 줄 이상 써보기

하나의 물건에 대해 최소한 학습지에 한 줄 이상 써보는 활동이에요. 그리고 이것을 3개 해보는 것이죠. 이 활동을 하다 보면, 어떤 물건에 대해서는 한 줄도 채우기 어려울 만큼 막상 떠오르는 게 별로 없고, 어떤 물건에 대해서는 세 줄이 모자랄 만큼 마구마구 쓸 말이 떠올라요. 그때 그 감정이 생생하게 떠오르는 것들이 있죠. 그런 물건을 찾아내는 게 이 질문의 목적입니다.

(3) 1개의 물건을 골라 10줄 쓰기

3개의 물건 이야기 중에서 세 줄이 모자랄 만큼 마구마구 쓸 말이 떠올랐던 물건, 그때 그 감정이 생생하게 떠올랐던 물건을 하나 선택해서 그에 관한 글을 10줄 이상 씁니다.

(4) 반복해서 하고 싶거나 듣고 싶은 말 고르기

그때 그 상황에서 하고 싶었지만 못 했던 말, 그때 듣고 싶었지만 못 들은 말, 그때 정말 못 하거나 못 들어서 마음에 맺힌 말들을 씁니다. 이미 했던 말 중에 또 하고 싶은 말이나, 이미 들었던 말 중에 또 듣고 싶은 말도 좋아요. 이 활동의 핵심은, 반복하고 또 반복하고 싶은 말을 찾는 것입니다. 이런 말에 우리의 감정이 담뿍 담겨 있거든요.

학생들에게 내내 강조했어요. 에세이는 감정과 메시지, 둘 중 하나만 전달되면 된다고요. 내가 어떤 상황에서 어떠한 감정을 느낀 순간을 썼는데, 누군가 내 글을 읽고 내가 느낀 감정을 같이 느꼈다면 성공이죠. 축하할 일이죠. 정말 멋진 글을 완성한 것이니까요. 또 내가 어떤 경험을 하고 깨달은 것이 있어서 그 메시지를 썼는데, 그것이 내 글을 읽은 이들에게 잘 전해졌다면 그것도 성공이죠. 그런데 글을 쓰다 보면 알게 돼요. 감정이 전달되지 않으면 결국 메시지도 전달되지 않아요. 그러니 최선을 다해서, 내 글을 읽는 이들이 나의 감정을 체험할 수 있는 글을 써달라고 요청했어요. 그렇게 학생들이 학습지를 완성합니다.

그런데 글쓰기 수업을 하다 보면 학생들이 도저히 더 쓸 말이 없다면서 오는 경우가 있어요. 저는 딱 두 가지 방식으로만 개입했습니다.

첫째, 5분 만나기를 했어요. 더 쓸 말이 없다는 학생을 앞에 앉히고 말했어요. "자, 지금부터 나는 너의 두 살 아래 동생이야. 자, 시작한다. '오빠, 형아, 언니, 누나! 이건 왜 이래? 어떤 상황이야? 왜 이때 이런 감정을 느꼈어? 전에 무슨 일이 있었어? 그래서 뭘 느꼈어? 어떤 걸 깨달았어? 무슨 말이 하고 싶었어? 아… 그랬구나, 아… 그래서 그런 거구나, 그래 그랬구나….' 자, 이제, 지금까지 나에게 한 이야기를 글로 써다오." 이렇게 말하고 저는 물러나 다른 학생을 만나러 갔습니다.

둘째, 단락 구분만 해주었어요. 더 쓸 말이 없다는 학생의 글을 보면 대부분 이야기가 덩어리로 뭉쳐 있습니다. 한두 마디로 자신의 감정과 생각을 던져놓고, 할 말을 다 했다는 식이죠. 더 친절하게, 더 보여주고 더 들려주고, 더 자신의 상황과 감정과 메시지를 전해야 하는데 그러지 않고 넘어가는 지점마다, 저는 줄바꿈을 하고 물음표를 남겨두었습니다. 물음표가 남은 곳마다 학생과 함께 멈춰서서 물었습니다. 상황을 묻고, 감정을 묻고, 이유를 묻고, 짐작을 물었습니다. 그러니까 단락 구분이란, 질문의 다른 모습인 것이죠.

교사가 학생의 글쓰기에 개입할 수 있는 부분은 여기까지라고 여깁니다. 학생의 글에 질문을 남기는 것. 학생의 글에 관심과 애정을 갖고 질문을 남기는 것. 이 질문에 답하는 것부터는 학생의 몫입니다. 아무리 안타깝고 아무리 아쉬워도, 이것을 넘어서면 안 됩니다. 이것을 넘어서면 그때부터는 학생의 역량이 아니라 교사의 역량인 것이고, 그것은 학생의 역량을 왜곡할 수 있다고 여깁니다. 무엇보다, 이것을 넘어서면 교사가 엄~청 급격히 피곤해집니다. 교사가 지치게 됩니다. 안 돼요, 안 됩니다.

여기까지가 '감정-메시지-쓰기' 활동의 기본입니다. 이 활동을 일단 해놓고, 올해 학생들과 감정과 메시지가 담긴 긴 글을 쓰고 싶다면 에세이를 쓰도록 하면 좋습니다. 또는 이 글을 바탕으로 10줄의 생활시 쓰기를 해봐도 좋아요. 그런데 이보다 학생들이 훨씬 더 잘 몰입하며 즐거워하는 수행평가가 있어 소개합니다. 조는 학생이 한 명도 없이, 정말 깊이 몰입해 참여하는 수행평가죠. 바로 '작사·작곡 유튜브 뮤직'과 '내 인생의 케이팝' 프로젝트입니다.

작사·작곡 유튜브 뮤직

한국 시의 전성기는 언제일까요? 50년 전? 100년 전? 200년 전? 저는 21세기의 대한민국, 바로 지금이라고 여깁니다. 케이팝이 한국인의 사랑을 넘어 전 세계인의 사랑을 받고 있으니까요.

시는 원래 노래였습니다. 시가 멜로디와 헤어진 때는 아무리 길게 잡아봐야 200년이 될까요. 시는 노래이고 노래는 곧

시여서, 가사와 멜로디가 함께하는 시는 늘 당연한 것이었겠죠. 그러다 시가 멜로디와 헤어지는 우연한 일들이 생겼을 거예요. 대부분은 질병이나 기아, 전쟁이었겠죠. 그렇게 공동체가 무너지면서 시는 멜로디를 잃었습니다.

근본적으로는 기술의 한계 때문이었습니다. 사람이 사람의 입으로 전하는 것 말고는 멜로디를 전할 방법이 거의 없었으니까요. 그렇게 멜로디 없이 시를 즐기는 문화가 한때 번성했습니다. 하지만 그것은 아무리 길어봐야 200년. 인류의 문자언어 5천 년, 음성언어 5만 년의 역사를 놓고 보면 그 시기는 거의 찰나라 할 만한 시간이죠. 인류 역사의 대부분의 시간 동안 시는 늘 노래였습니다.

21세기 대한민국의 10대들은 거의 하루 종일 노래를 듣습니다. 한국인이 지은 가사에 한국인이 만든 멜로디를 붙여 만든 노래를 자기 전까지도, 심지어 자는 동안과 자고 난 후에도 듣습니다. 그들의 귀에 틈만 나면 함께하는 이어폰에서 들려오는 노래는 한국을 넘어 일본, 중국, 필리핀, 말레이시아, 인도, 사우디아라비아, 이란, 프랑스, 독일, 이탈리아, 영국, 스웨덴, 핀란드, 브라질, 칠레, 아르헨티나, 멕시코, 미국, 캐나다 등 전 세계인의 삶에 자리를 잡았죠. 한국인의 시를 세계인이 함께 즐기고 있습니다.

1930년대의 김영랑, 김소월, 이상, 윤동주가 2020년대에 살고 있다면 그들은 어떤 시에 열광했을까요? 멜로디가 없는 시? 멜로디가 있는 시? 저는 그들이 최신문화로 쏟아져 들어오는 레게, 힙합, 아이돌, 하우스, 테크노 음악에 흠뻑 빠졌을 것 같아요. 왜냐하면 그들이 당대의 현대시에 열광했던 가장 강력한 이유는 그것이 시여서가 아니라, 그것이 당대의 '모던'이었으니까요. 그들은 1930년대의 시인이기 전에 당대의 모던 걸이며 모던 보이였으니까요.

그렇다면 2020년대 오늘의 모던 보이, 모던 걸들과 함께 자신의 덕력을 작품으로 승화시키는 수업은 어떻게 가능할까요? 이제까지 배워온 문학의 도구들을 활용해서, 이제까지 좋아했던 내 오빠, 형, 누나, 언니들의 노래를 깊이 살피는 수업은 어떻게 가능할까요? 그리고 이것으로 수행평가를 해보려면, 그것은 어떻게 가능할까요?

'감정-메시지-쓰기' 활동을 마친 학생들에게 '작사·작곡 유튜브 뮤직' 학습지를 나눠줍니다. 학습지에는 6개의 질문이 있어요. '가사 1절, 후렴, 가사 2절, 후렴, 브리지, 후렴'이 그것이죠. 학습지에는 영어로 'Verse1, Chorus, Verse2, Chorus, Bridge, Chorus'라고 썼어요. 뮤지션에게 익숙한 용어를 써놓은 것이죠. 그리고 학생들에게는 다음과 같이 안내했습니다.

가사 1절은 첫 번째 상황을 보여주는 거예요. 나의 감정이 0에서 10까지 있다면, 내 감정이 0에서 8까지 가게 된 과정을 알려주는 것이죠. 가사 2절은 두 번째 상황을 보여주는 거예요. 나의 감정이 0에서 시작해서 8을 거쳐 9와 10에 도달했는데, 그다음에 또 어떤 상황이 있었는지, 어떻게 다시 감정이 0에서 8까지 가게 되었는지, 그 과정을 보여주는 것이죠.

예를 들면 이런 거예요. 어느 날 내가 너에게 헤어지자고 말해야겠다고 결심하고 길을 나섰어요. 그런데 가다 보니 너와 함께 갔던 식당도 보이고, 카페도 보이고, 인형 가게도 보여요. 이곳에서 함께했던 첫 만남, 첫 고백의 순간들, 그리고 처음 키스를 나누던 때의 날카로움이 떠오르죠. 그러다 보니 더 이상 참지 못하고 해버린 말은 이거예요.

"네가 먼저 헤어지자고 말하면 안 돼? 나도 알아. 우리가 이제 끝났다는 거. 더 이상 만나봐야 서로 사랑할 수 없다는 거 다 아는데, 난 도저히 내 입으로 먼저 말을 못 하겠어. 네가 먼저 헤어지자고 말하면 안 돼?"

학생들에게는 자신이 겪은 이야기를 크게 2부로 나눠서, 전반부의 내용을 가사 1절로 만들고, 후반부의 내용을 가사 2절로 만들라고 요청했어요. 그리고 코러스는 후렴이에요. 반복되는 부분이죠. 자신의 감정이 9, 10이 되는 순간을 보여주는 곳이죠. 이때 가장 효과적인 것은 '말'이에요. 특히 반복해서 듣고 싶고, 반복해서 하고 싶은 말이요.

반복을 여러 번 하고 싶었던 말은 힘이 무척 세요. 이런저런 상황과 논리를 설명하는 것보다, 심장에서 터져 나오는 말 한마디, 내 입에서 맴돌다 마침내 툭 새어나온 말 한마디가 나의 감정을 폭발적으로 전달하는 힘이 있거든요. '감정-메시지-쓰기' 학습지의 마지막 질문에 대한 답이 꼭 필요한 부분이죠. 그때 그 상황에서 내가 정말 듣고 싶었으나 듣지 못한 말, 내가 정말 하고 싶었으나 차마 하지 못한 말, 혹은 그때 말했거나 그때 들었어도 다시 또 하고 싶거나 듣고 싶은 말. 이 말들을 잘 가려내서 붙이면 정말 멋진 후렴이 되죠.

브리지Bridge는 반전이에요. 후렴에 쓸 말을 가려내다가, 다 내 마음이고 다 반복하고 싶은 말이긴 한데 다른 말과는 좀 결이 다르거나, 아예 반대되는 말이 있을 수 있어요. 이런 말을 골라서 브리지에 배치하면 노래의 매력이 다채로워지죠. 원래 사람 마음이 그렇잖아요. 이런 마음도 있고 저런 마음도 있고, 두 마음이 함께 있어서 더 이렇게 되거나 더 저렇게 되죠. 그래서 더 진하고 더 애절하죠.

이렇게 가사를 완성하고 나면 교사의 검토를 받습니다. 검토라고 해서 교사가 다 고쳐주는 게 아니에요. 교사는 다만 조언을 건넬 뿐, 그 조언을 받아들이는 것은 창작자인 학생의 몫이죠. 오랫동안 시를 즐겨온 사람, 오랫동안 노래를 즐겨온 사람의 조언을 듣고 마음에 들면 반영하고, 마음에 들지 않으면 자신의 뜻대로 뚫고 나가면 돼요. 다만 여기에서 중요한 것은 반드시 한 번은 타인의 의견을 경청할 것, 진지하고 치열하게 자신의 창작물을 냉정하게 바라볼 것, 그래서 꼭 한 번은 자신이 만든 창작물을 처음부터 새롭게 다시 만들어보는 것이죠. 그렇게 해서 최종 결과물을 옮겨 적고 나면 완성입니다.

마지막 작업이 남았어요. 작곡을 해야 하거든요. 작곡은 교사가 지치지 않으면서도, 학생들의 감정과 메시지를 충분히 반영하면서도 완성도 높은 음악을 만들어내는 효과적인 방법을 활용했어요. 인공지능 작곡 앱 '수노SUNO'를 활용한 것이죠. 수노 사이트에 접속해 회원가입을 하면 작곡을 할 수 있는 페이지가 열려요. 여기에서 맨 위 'custom'을 클릭하면 몇 가지 구체적인 설정을 할 수 있는 페이지가 열립니다.

먼저 가사를 입력해요. 이때 중요한 것은 가사의 역할과 멜로디의 성격을 구분해주는 Verse1, Chorus, Verse2, Chorus, Bridge, Chorus 등의 용어를 쓰는 거예요. 그래야 창작자의 의도에 맞는 곡이 더 잘 나오거든요.

그런 다음 음악 장르를 입력해요. 장르는 '과거의 사건에 대한 현재 나의 감정'이 결정해요. 예를 들어 어떤 사람이 누군가와 1년 전에 헤어졌는데, 지금 생각해도 너무 억울하고 너무너무 화가 나요. 그러면 장르는 헤비메탈이나 하드록으로 가면 좋아요. 거침없고 거칠고 폭발적인 사운드가 쏟아지거든요. 그런데 어떤 사람은 그냥 너무 슬프고, 미안하고, 고맙고, 아쉽고, 여전히 안타까워요. 그러면 장르는 발라드로 가면 돼요. 현악기와 피아노같이 조용하면서도 감성적인 악기들의 선율이 그런 마음을 이미 알고 있다는 듯이 흘러나오죠. 또 어떤 사람은 그냥 풋, 웃음이 나요. 생각해보면 그때의 나는, 또 그때의 너는 너무 어리고, 어설프고, 바보 같고, 그래서 돌아보면 다 귀여워요. 헤어진 게 안타깝고 어린 날의 우리가 마냥 부족해 보이긴 하지만, 그건 또 그것대로 매력적이고, 그럴 수 있고, 다시 만난다면 그냥 꼭 안아주고 같이 웃어주고 싶어요. 그런 느낌이라면 인디로 가면 돼요. 킥킥대면서 즐겁게 추억할 수 있다면 댄스로 가도 되고요.

이런 식으로 과거의 사건을 현재의 내가 어떤 감정으로 기억하고 있는지, 자신의 마음을 잘 살피면 장르를 결정할 수 있어요. 여러 감정이 든다면 여러 장르를 써도 돼요. 모순적인 감정이 든다면 모순적인 장르를 넣어도 돼요. 음악의 위대함은 이런 다양하고 심지어 모순적인 감정까지도 모두 표현할 수 있다는 것이니까요.

마지막으로 제목을 입력하고 'generate(생성하기)'를 클릭하면 1분 내외에 뚝딱 2곡이 만들어져요. 학생들은 이 2곡을 들어보고, 그중에서 마음에 드는 곡의 영상 파일을 교사에게 제출합니다. 2곡 중 마음에 드는 곡이 없다면 노래 가사와 배치, 장르를 다시 조정한 다음 다시 생성하기를 클릭하면 또 그에 어울리는 곡이 2곡 나와요. 그렇게 하루에 다섯 번, 총 10곡을 만들 수 있어요. 이 중에서 마음에 드는 곡을 골라 제출하는 것이죠.

학생들의 작품에 대한 평가는 과정 평가로만 했어요. 제가 요청하는 과정을 충실히 수행하면, 제가 제시한 날짜 안에 제가 원하는 조건과 형식으로 제출하면 모두 만점을 주었어요. 작품에 대한 결과 평가는 제 몫이 아니라고 생각했기 때문이죠. 학생들의 작품을 평가해줄 사람은 '대중'이에요. 내 상황과 내 감정을 비슷하게 겪어본 적이 있었을 누군가죠. 그들의 조회수와 공감과 좋아요와 댓글이 그 자체로 강렬한 평가가 될 거예요.

저는 이 영상 파일들을 제 유튜브 채널에 업로드해서 익명으로 공개했어요. 그리고 이것을 재생 목록에 차곡차곡 쌓아서 'KBS 뮤직어워드 플레이리스트'를 만들어 전 세계에 공개했습니다(KBS는 제 이름의 이니셜입니다). 교실마다 특별실마다 이 플레이리스트를 즐겨찾기에 담아두고, 행사마다 이벤트마다 이 플레이리스트를 함께 들었어요. 저희는 정말 행복했답니다.

내 인생의 케이팝

'내 인생의 케이팝'도 학생들이 정말 좋아하고 재밌어하는 활동이에요. 2학기 개학 후 이 활동을 하면, 교사는 학기 초에 수업을 준비하는 시간을 벌 수 있고 학생들은 즐겁게 몰입할 수 있습니다.

먼저 학생들은 자신이 좋아하는 노래를 한 곡 고릅니다. 노래를 고를 때는 자신이 좋아하는 노래 중에서 문학 표현이 많은 곡을 골라야 합니다. 문학 표현이 별로 없으면 글쓰기가 아주 어려워질 수 있다는 것을 여러 번 반복해 알렸어요. 자신이 조금 덜 좋아해도 문학 표현이 많은 곡을 고르면 글쓰기가 쉬워진다고요.

노래 가사를 읽고 난 후, 문학 표현 사전을 읽습니다. 직유, 은유, 의인, 상징 등의 용어에 대해 간단하게 설명한 사전입니다. 학습지에 간결하게 정리해놓았어요. 학생들은 이 사전을 보면서 자신이 선택한 노래 가사에서 문학 표현을 찾아내고, 그 내용을 분석합니다. 잘 모르겠으면 선생님의 도움을 받아도 돼요. 언제든 질문해도 되고요. 즐거운 일입니다. 학생들과 함께 새로운 작업에 도전하는 것은. 그렇게 2개 이상 문학 표현을 찾아냈으면 일단 쓰는데, 정해진 양식이 있어요. 칠판에 다음의 예시를 써놓았습니다.

1. 노래 가사 쓰기

　예) 나는 아름다운 나비~~

2. 표현 분석하기

　예) 이 가사는 은유다. 은유란 ~~이다.(사전에서 찾아 옮겨 쓰기)

　　이 가사에서 나비는 ~~을 의미한다.

3. 상황 설명하기

　예) 이 가사의 상황은~~. 이 가사를 통해 말하고자 하는 의미는~~

4. 예시 들어주기

　예) 이 가사의 상황을 예로 들면, 내가 중학교 3학년 때 내 친구가~~

마지막으로, 노래의 내용에 대한 질문에 답합니다. '명장면 명대사(필수), 데자뷔, 누구나 넌, 링크링크, 너에게'의 5개 질문 중 3개의 질문에 답해야 합니다. 그중 필수질문 1개는 꼭 답해야 하고, 선택질문 중 골라서 2개를 답하면 됩니다.

이렇게 학습지를 완성하고 난 다음에는 다시 노트북으로 네이버 밴드에 접속해서, '내 인생의 케이팝: 워드 글쓰기' 양식을 다운받아 작성하게 했어요. 평가는 양적인 질적 평가로 진행했습니다.

하나 더,

학생들이 수행평가에 더 열정을 쏟게 만들려면?

시, 에세이, 노래, 이야기 등 무언가를 이해하고 분석하고 만드는 일은 '관계'를 발견하고 만드는 일입니다. 이러한 일들은 학생들이 자신을 둘러싼 관계를 관찰하고 발견하는 것으로 시작해서 새로운 관계를 만드는 일로 나아가게 되지요.

이러한 수업의 목적은 학생들을 엄격한 기준으로 변별하기보다는, 학생들이 스스로 기획하고 몰입하여 수정하고 완성하는 경험을 하는 것, 그 자체에 있습니다. 그래서 그 수업의 평가도 과정과 절차를 지키고 최소 수준 이상의 결과물을 만들어낸 것을 최대한 긍정적으로 존중하도록 설계됩니다. 그러다 보면 대부분 높은 점수를 주기 마련이죠. 이것은 대단히 교육적이고 합리적인 평가입니다.

그런데 문제가 있습니다. 학생들의 몰입을 존중하려는 교사의 태도가 학생들의 더 깊은 몰입을 방해할 수도 있기 때문입니다. 특히 학생들이 수업에 대한 참여 욕구와 학습 수준이 모두 높은 상황이라면 수행평가 만점을 받는 학생은 더 많아지고, 그러면 문제가 더 심각해질 수 있습니다. 학생 10명 중 7명이 만점을 받는 상황이 되면, 최선을 다해 최고의 수준에 도달하려는 욕구가 오히려 감소하는 경향이 있습니다. 이미 경쟁에 익숙해진 학생들의 안타까운 모습이지만, 한편 이해되는 행동이기도 합니다. 학생들 입장에서는 정말 최선을 다한 자신의 능력과 노력이 그에 어울리는 평가를 받지 못했다고 여기게 되는 것이죠.

이것은 충분히 문제입니다. 자신에게 깊이 몰입하고, 자신의 한계를 넘어서려고 최선을 다하는 것은 정말 어렵고 힘들고, 그래서 귀한 것이기 때문입니다. 귀한 것은 귀한 대접을 받아야 더 귀해지는 법이죠. 이것은 평가와 더불어 자존감의 문제이기도 합니다. 이것을 어떻게 해결할 수 있을까요? 수행평가 점수 1점을 더 주면 해결될까요? 대체 어떻게 해야 학생들이 자신에게 더 깊이 몰입하게 할 수 있을까요? 어떻게 해야 학생들이 자신의 열정을 남김 없이 불태우게 할 수 있을까요? 제가 경험한, 학생들을 수행평가에 더 깊이 몰입하게 만드는 한 가지 방법이 있습니다. 바로 학생들의 결과물을 익명으로 세상에 공개하는 것이었습니다.

학생들이 쓴 시를 사진과 함께 제 인스타그램에 공유했습니다. 축제 때는 시 영상 부스를 만들어 학생들이 만든 시 영상을 공유했습니다. 학생들이 쓴 소설을 네이버 웹소설에 업로드했고, 학생들의 글을 카카오 브런치 모바일 책으로 만들어 공개했고, 학생들이 만든 노래를 유튜브 플레이리스트에 담아 세상에 공개했습니다.

여기에서 중요한 것은 '익명'이었어요. 21세기 대한민국의 청소년들이 공유하는 아주 강렬한 욕망이 있습니다. 그들은 자신을 절대 다른 사람에게 알리고 싶어 하지 않아요. 그런데 그들은 또 자신을 정말 많은 사람에게 알리고 싶어 해요. 이 두 가지 욕망은 정말 모순적인데, 놀랍게도 두 욕망이 다 절실해요. 이것을 해결할 수 있는 유용한 방법이 '익명으로 공개하기'입니다. 이를 통해 학생들은 자신의 작품을 많은 사람에게 알리면서도 자신을 알리지 않을 수 있죠.

수행평가를 시작할 때 학생들에게 안내했습니다. 여러분이 애써 만든 작품이 수행평가가 끝나는 날 파쇄기로 가는 일은 없을 거라고요. 나는 학생들의 매니저가 될 것이라고요. 학생들의 작품 중에서, 이 작품은 누군가와 소통하고 공감하고 누군가를 위로하겠구나 싶으면, 제가 아는 모든 방법을 동원해서 세상에 데뷔를 시키겠다고요. 단, 익명으로요.

한 학기 수행평가가 끝나고 2회 고사를 치르는 사이에, 저는 학생들의 작품을 세상에 데뷔시킬 준비를 했어요. 작품 중에서 10점 만점을 받았거나, 1~2점이 부족하더라도 정말 솔직하게 자신의 상황과 감정을 드러내서 읽는 순간 헉, 하고 공감되는 작품을 골라, 제가 운영하는 국어 카페의 '명예의 전당' 게시판에 올렸습니다.

2회 고사가 끝난 후, 교사는 미칠 듯이 바쁜데 학생들은 한없이 여유로운 그 시절에, '댓글 달기' 수업을 진행했습니다. 학생들에게 노트북을 열게 한 다음, 명예의 전당에 올라 있는 친구들의 작품 중 마음에 드는 5개를 골라 '좋아요'를 클릭해 달라고 했습니다. 그리고 그중 2개를 골라 세 줄의 댓글을 써 달라고 했습니다. 한 줄은 이 작품이 마음에 드는 이유, 다음 한 줄은 이 작품에서 마음에 드는 구절, 마지막 한 줄은 그 구절이 마음에 드는 이유를 써달라고 했습니다. 그리고 각 작품의 작가님들에게는 자신의 작품에 달린 댓글 중에서 마음에 드는 댓글에 '좋아요'와 '대댓글'을 요청했습니다. 그렇게 작가님의 대댓글을 받은 댓글러에게 저는 초코송이 한 상자를 선물했고요.

이 댓글 수업을 시작하면서 학생들에게 두 가지를 먼저 강조했습니다.

첫째, 학생들이 부디 자신의 이름을 공개하기를 바랐습니다. 작가란 자신의 이름을 작가로 공개하는 순간부터 작가가 되는 것이죠. 작가를 작가로 만드는 것은 무슨 대단한 문장력이나 수상 경력 따위가 아닙니다. 나는 이제부터 작가로 살겠다고, 내가 나를 작가로 불러낸 그 순간부터 나는 작가가 되는 것이죠. 그래서 학생들에게 부탁했습니다. 명예의 전당에 오른 글들은 분명 세상의 누군가를 만나 공감하고 공유하고 위로가 될 만한 글이니 자신의 이름을 공개했으면 좋겠다고요. 자신이 자신을 작가로 대해주었으면 좋겠다고요. 매번 그렇게 힘주어 말했지만, 현재까지 자신의 이름을 공개한 학생은 딱 두 명밖에 보지 못했네요. 그래도 좋습니다. 어딘가, 언젠가, 제가 모르는 자리에서, 저와 만난 학생들이 자신을 작가로 불러주는 순간이 오기를 간절히 기원합니다.

둘째, 익명이라도 마음이 불편하다면, 글을 삭제해주겠다고 했습니다. 구체적인 이름이나 지명을 쓰지 말라고는 했지만, 글에 서술한 상황이 누군가에게는 충분히 짐작 가능할 수도 있죠. 그렇게 마음이 불편한 경우에는 제게 비밀댓글로 알려달라고 했습니다. 그리고 학생의 요청이 있으면, 정말 좋은 글이었다는 것을 분명하게 알려준 뒤 조용히 삭제했습니다.

안타깝지만 어쩔 수 없는 일이죠. 이제까지 한 다섯 명 정도, 그런 학생들이 있었네요.

그렇게 학생들의 능력과 정성으로 만든 결과물이 박수와 조회수와 좋아요와 댓글로 돌아오게 만들었습니다. 그렇다고 무슨 대단한 성공을 거둔 건 아니었어요. 달리는 댓글은 2개가 고작이고 좋아요는 기껏해야 10개, 조회수는 47회밖에 안 되는 경우가 대부분이었습니다. 하지만 학생들은 자신의 작품이 인스타에, 유튜브에, 카카오에, 네이버에 검색하면 뜬다는 것 자체에 열광했습니다. 다른 친구들이 써준 이해와 공감과 공유와 위로의 댓글에 커다란 동기와 자존감을 얻었어요. 무엇보다 우리는, 문학 시간이 무척 즐거웠습니다.

제목: 나만 멈춰 있는 것 같고 뒤처지는 것 같아

시: 〈자화상〉 윤동주

주제: 20년 후의 나에게 바치는 시

다른 이들은 열심히 자기 일을 찾아서 하고 있는데 나만 멈춰 있는 것 같고 뒤처지는 것 같아 움츠러들기도 자책감을 느끼기도 한다. 그럴 때마다 내가 미워지고 원망스럽다. 또 그렇다고 내가 아무것도 안 하고 있는 것은 아닌데도, 그저 그렇게 느껴지고 자꾸만 내 스스로 나와 남을 비교하는 나의 모습이 불쌍하기도 안쓰럽기도 미안해지기도 한다.

✦ 이 시에 대한 나의 해석

먼저 이 시는 윤동주가 살았던 연도와 윤동주의 다른 시들도 함께 고려해보면 일제강점기 시절에 쓰여진 것 같다. 이 시 속에는 일제강점기 시절 적극적으로 독립운동을 하지 못한 윤동주가 자신을 부끄러워하는 내용이 담겨 있는 것 같다.

이 시에서 '말하는 이'는 산모퉁이를 돌아 논가 외딴 우물을 홀로 찾아가게 된다. '말하는 이'는 다른 것들을 신경 쓰거나 생각하지 않고 오직 자신의 내면만을 보기 위해 외딴 우물로, 즉 세상과는 단절되어 있는 공간으로 찾아가게 된 것 같다. 또 우물 속에 비치는 달과 흐르는 구름, 하늘과 파아란 바람, 가을은 '말하는 이', 윤동주가 원하는 평화롭고 아름다운 이상적인 세상인 것 같다.

우물 속에서 한 '사나이'도 보게 되는데, 그 '사나이'가 미워져 돌아가게 되고, 돌아가다 생각하니 가엾어져서 도로 가 들여다봤다고 한다. '사나이'는 우물 속에 비치는 자신의 모습이고, 미워진 이유는 자신을 돌아보며 적극적으로 독립운동을 하지 못하고 시를 쓰고 있는 것이 후회되고 자책감이 들어 그런 것 같다. 또 자신이 가엾어진 이유는, 일제강점기 시절 윤동주는 억압된 삶을 살았기에 그렇게밖에 살 수 없었던 상황 속에 있는 자신의 모습이 불쌍하고 안쓰럽게 느껴졌기 때문에 그런 것 같다.

마지막 연에는 윤동주가 원하는 이상적인 세상을 뜻하는 달, 구름, 하늘, 바람, 가을이 다시 한 번 나오고, '추억처럼 사나이가 있습니다'라는 시구가 나오게 된다. 이 시구는 미워하기도 가엾어하기도 했던 '사나이'를 추억으로 받아들이며 '사나이'를, 즉 자신을 외면하지 않고 인정하며 자신이 원하는 세상 속에 남겨두는 것 같다.

✦ 이 시에서 가장 기억에 남는 시구

나는 이 시 중에서 '어쩐지 그 사나이가 미워져 돌아갑니다. 돌아가다 생각하니 그 사나이가 가엾어집니다'라는 시구가 가장 기억에 남는다. 이 시구는 '말하는 이'가 우물 속에 비친 자신을 바라보며 내면을 돌아보다가, 자신의 모습이 밉기도 하고 가엾기도 하여서 나온 말이다. '사나이'를 미워하기도 하지만 가엾어하기도 하는 것이 뭔가 그냥 공감되었다.

나도 나 자신을 미워하기도 원망하기도 한다. 그러다가도 또 후회도 하게 되는데, 나 자신을 보며 원망이 나오는 내가, 나조차도 나를 사랑해주지 못하는 내가 가엾기도 하다. 그래서 이 시구가 나도 모르게 공감이 되었고, 또 가장 기억에 남게 되었다. 이 시구가 내가 20년 후 나에게 바치고 싶은 시로 선택하게 된 이유 중 하나이기도 하다.

또 마지막에 나오는 '추억처럼 사나이가 있습니다'라는 시구도 기억에 남았다. 나는 보면 볼수록 단점만 보이는 것 같아서 나의 모습을 바로 보지 못하고 외면하려고 하는 편이다. 그런데 이 시에서는 자신을 이해하고, 있는 그대로 그저 받아들여서 '추억'으로 남기는 것이 감명 깊었다.

✦ 이 시와 비슷한 경험

이 시에서는 외딴 우물 속에 비친 자신을 보며 자신을 돌아보게 된다. 이 시 속의 내용과 비슷한 나의 경험으로는, 자기 전 늦은 밤에 홀로 화장실에서 양치를 하며 거울 속에 비친 나를 보게 된 때다. 나는 거울에 비친 나의 모습을 보며 나의 속에 있는 감정들을 되돌아보게 된다.

학교에서 모두가 같은 시간에 등교를 하고, 정해진 시간표대로 같이 움직이는 등 서로 별다를 바 없이 모두들 살고 있다. 그 속에서 다른 이들은 열심히 자기 일을 찾아서 하고 있는데 나만 멈춰 있는 것 같고 뒤처지는 것 같아 움츠러들기도 자책감을 느끼기도 한다. 그럴 때마다 내가 미워지고 원망스럽다.

또 그렇다고 내가 아무것도 안 하고 있는 것은 아닌데도, 그저 그렇게 느껴지고 자꾸만 내 스스로 나와 남을 비교하는 나의 모습이 불쌍하기도 안쓰럽기도 미안해지기도 한다. 이처럼 내가 나의 모습을 보며 미워하기도 가엾어하기도 하는 것과 이 시 속에서 자신을 보며 미워도 하고 가엾어도 하는 것이 비슷하다고 생각하게 되었다.

또 이 시에서 시인이 원하는 세상을 우물 속에 비친 평화롭고 아름다운 자연의 모습으로 그려본 것처럼, 나도 시골에서 잔잔히 흘러가는 시냇물 속에 비친 조급하지 않고 고요하며 평화로운 자연들을 보며 그 속에서 살아가고 싶다고 생각한 적이 있다. 아직도 도시에서 작게나마라도 느끼고 볼 수 있는 자연의 초록과 잔잔함을 느끼게 되면 내가 살고 싶은 세상을 다시금 생각하게 된다.

윤동주의 〈자화상〉이라는 시를 읽으면서 정우의 〈자화상〉이라는 노래가 바로 떠올랐다. 먼저 이 노래를 알게 된 계기로는 음악 앱에서 추천곡으로 우연히 듣게 된 정우의 〈내일도 날 사랑해줄 건가요〉라는 노래를 통해 '정우'라는 가수를 알게 되었다. 듣다 보니 노래가 좋아서 정우의 다른 노래들도 찾아 듣게 되었는데, 그때 〈자화상〉이라는 노래를 알게 되었다. 시를 읽으면서 떠올랐던 음악으로 이 노래를 선택한 이유는 먼저 윤동주 시의 제목과 노래의 제목이 같아서 생각이 났다.

다음으로 노래 중 '보이지 않는 삶 내 작은 마음 밭 애처롭게 얼룩진 나의 자화상'이라는 가사가 있는데, '마음 밭'은 내면의 감정이나 기억을 뜻하고 '얼룩진 자화상'은 세상으로 인해 상처받고 얼룩져진 자신의 모습을 뜻하는 것 같다. 이러한 노래 속 내용과, 시에서 '말하는 이'가 우물에 비친 자신을 보며 내면을 보게 되고 세상에 억압되어 있는 시인이 비슷하게 느껴졌다. 또 전체적인 내용도 비슷하게 느껴진다.

정우의 〈자화상〉을 들어보면 그저 단순한 자기 초상화가 아니라 자신의 내면을 바라보는 내용인 것 같다. 노래 중 '쓸쓸한 어른이 돼 사랑을 찾는 밤', '서툰 나의 사랑 불쑥대는 심술 더 움켜쥐고 쥔 욕심 내 가여운 결심', '아아 나는 몰랐었네 내가 받은 사랑을 아아 나는 몰랐었네 웃어보일 방법을 아아 나는 몰랐었네 사랑하는 방법을'이라는 가사가 있다. 이를 통해 정우는 자신의 내면을 바라보며 어른이 되었음에도 어설프고 불안정한 스스로를 서툴고 가엾은 존재로 보고 있다는 것을 알 수 있다. 또 감정의 미숙함과 자신의 미숙함에 대한 깨달음까지 담겨 있다. '자화상'이라는 제목을 가지고 있는 두 작품 모두 자기 자신을 마주하게 되고 또 자신의 내면을 보며 가엾음을 느끼게 된다. 하지만 결국엔 자신을 인정하는 것이 비슷하게 느껴진다.

✦ 이 시를 20년 후 나에게 바치는 이유

이 시를 내가 20년 후 나에게 보내려는 이유는 나 자신을 한 번씩 마주하고, 있는 그대로의 나를 그저 물음 없이 받아들였으면 하는 마음에서다. 시 속에서는 우물 속에 비친 자신이 미워 보여도 가엾어서 다시 돌아가 자신을 다시 보고 그대로를 받아들이고 추억 속에 남겨두었다. 이러한 시의 내용이, 나의 모습이 부끄러워 나를 보지 못하고 부정하는 나에게는 위로로 다가왔다.

나도 내가 미워 보여도 그저 나를 인정하기를 원한다. 나는 나보다도 먼저 남을 보게 된다. 그러다 보니 내가 나의 감정을 깨닫기도 전에 다른 이의 눈치를 보고 그 사람의 기분을 알아내려는 데에만 애쓰게 된다. 또 그 사람의 편의를 더 먼저 신경 쓰고 있다. 그래야만 조금이라도 나의 마음이 편해지기 때문이다. 이러한 상황들 속에서 나는 나를 점점 잃어가고 있는 것 같다.

친구가 좋아하는 것과 친구가 기분이 좋지 않을 때 어떻게 해주면 나아지는지는 잘 알고 있지만, 막상 내가 나에게 해줄 수 있는 것은 없다. 또 이러한 나와 다른 잘난 이를 자꾸만 비교하게 된다. 그러면 내가 싫어지고 숨고 싶어지게 된다. 또 그런 내가 끝도 없이 미워만 진다. 내가 미워지고 원망하는 상황 속에서도 다른 이들을 보기에 바쁘다.

이제부터라도 나는 나 자신을 먼저 보길 원한다. 먼저 나의 감정을 깨닫고 나를 받아들이길 원한다. 20년 후의 내가 다시 이 시를 읽게 되었을 때는 어떤 느낌 셈이 님을지 궁금하다.

20년 후의 나는 그 무엇보다 자신에 대해서 가장 잘 알았으면 좋겠다. 이 시처럼 나를 외면하지 않고 바라보며, 또 보여지는 나의 모습이 밉고 원망스럽더라도 그저 인정하여서 적어도 내가 나를 몰라 생기는 부끄러움은 없기를 바란다. 더 나아가서는 나를 먼저 챙겨줄 수 있는 내가 되길 원한다.

* 출처: https://howahha.tistory.com/entry/나만-멈춰-있는-것-같고-뒤처지는-것-같아
  [프리라이팅-명예의전당:티스토리]

제목: 나는 아빠가 진짜 싫다

부제: 왜 그랬을까? 어쩌면 아빠와 나는 꽤나 애틋한 사이였나…

싶다

우리 집은 옥탑방이었다. 1층엔 국밥집이 있는 4층짜리 건물에 딸린 2층짜리 옥탑방. 나는 나름대로 이 집이 좋았다. 옥탑방이라 하면 별로 좋지 않은 시선들도 있었지만, 이 집은 위층에 조그마한 테라스가 딸려 바람 쐬기가 좋았고, 내가 맘껏 뛰어다니며 춤을 출 수 있는 공간도 있는, 아주 내 마음에 쏙 드는 집이었다.

옥상에 들어오려면 제일 먼저 네 자리 비밀번호를 쳐야 했다. 띠띠띠띠- 비밀번호 치는 소리가 들려온다. 나는 시계를 한 번 확인한다. [am 1:24] 비틀거리는 발소리와 함께 우리 집 문이 열린다. 비밀번호가 없는 여닫이문이었다. 앞에는 화장실이 있고 왼쪽으로 돌아서면 문이 하나 있는데, 그 문 뒤에는 자고 있는 오빠가 있었다. 아아, 정확히는 자는 척을 하는.

비틀거리며 들어온 아빠는 그 문을 연다. 탁- 불이 켜진다. 어둠밖에 없던 거실에 빛이 들어찬다. 오빠가 눈살을 찌푸린다. 내가 본 건 아니지만 아마 그랬을 거다. 아빠는 곧장 높은 계단 몇 개를

올라 2층으로 올라온다. 발소리가 점점 가까워진다. 2층으로 올라
오면 역시나 필사적으로 자는 내가 있다. 오늘은 2층 불을 켜지 않
았다. 아빠는 우리가 자는 척을 하고 있다는 것을 잘 안다. 운이 좋
으면 속아주고, 운이 좋지 않으면 나를 깨운다. 오늘은 운이 좋지
않은가 보다.

　아빠는 나를 깨워 이리저리 말을 늘어놓는다. 듣기 싫다. 똑같
은 말을 반복한다. 노래방을 가자며 내 손을 잡아끈다. 비싸기만
한 노래방이 뭐가 좋다고. 나는 친구들과 가는 코인 노래방이 훨
씬 좋다고 생각했다. 가끔은 노래방이 우리 아빠한테 바가지를 씌
우는 것이 아닌가라는 생각도 한다. 뇌로는 가기 싫다고 했지만 내
몸은 곧장 옷을 챙겨입고 있다. 새벽은 꽤 춥기 때문이다. 오빠는
가지 않겠다고 말한다. 나도 가지 않겠다고 말하고 싶었지만 내가
없으면 아빠는 혼자였다.

　밖으로 나가 도어락을 열고 1층으로 내려간다. 으…. 역시 춥다.
노래방은 그리 멀지 않았다. 느긋하게 5분만 걸어가면 있었다. 큰
길을 지나 골목길로 들어가면 노래방 입구가 있었다. 이젠 거의 단
골의 지경에 이르렀다. 우리를 방으로 안내한 노래방 아줌마는 우
리가 음료를 주문하기를 기다린다. 아빠가 묻는다. 뭐 마실래? 초
록매실이요. 아빠는 자신이 마실 맥주와 함께 내 매실주스도 함께
주문한다. 노래방 아줌마는 주문을 받고 방을 나간다. 얼마 지나지

않아 노래방 기계에 60분이 찍힌다.

나는 아빠가 좋아하는 노래를 줄줄이 불렀다. 아빠, 이럴 거면 나 가수나 시켜줘. 장난삼아 했던 말이다. 아빠가 술을 마셨을 땐 자연스럽게 반말을 하곤 했다. 아빠는 술을 마시면 내가 그냥 하는 말에도 오버액션으로 받아주었다. 다음 선곡은 이선희의 〈인연〉이라는 노래였다. 어렴풋이 티비를 보다가 들었던 노래가 머리에 익혀져 자연스레 내 애창곡이 되었다. 아빠도 내가 부르는 〈인연〉을 참 좋아했다. 그런 반응 때문인지 어릴 적 나는 내가 노래를 정말 잘 부르는 줄 알았다.

노래방 아줌마는 서비스가 참 후했다. 적당히 후해도 됐을 텐데. 30분, 10분, 10분…. 한 시간이 걷잡을 수 없이 불어났다. 4시가 다 돼가는 시간이었다. 이러다 노래방에서 아침을 맞겠다 싶어 아빠에게 얼른 나가자고 했다. 또 한 번의 서비스에, 마지막으로 한 곡만 부르고 나가자는 말에 콜을 외쳤다. 적당히 비위를 맞춰야 얼른 집에 가서 잘 수 있었다. 그렇게 남은 시간 7분을 뒤로 하고 우리는 노래방에서 나왔다.

노래방을 나서면 그 옆엔 세븐일레븐이 있었다. 좁지만 등교 시간에는 남고딩으로 붐비는 곳이었다. 아빠는 신라면 작은 컵과 카스 한 캔을 손에 쥐고 카운터로 향했다. 아빠는 술이 들어가면 씀씀이가 커졌다. 그래서 나는 그런 날엔 내일 학교 가서 먹을 것과 지금 땡기는 것, 그리고 평소엔 생각도 안 하는 오빠 것까지 챙겨 카운터로 갔다. 계산을 마치면 나는 내가 고른 것들과 카스를 들고 밖 테이블로 가서 앉는다. 아빠가 뜨거운 물을 부어 뜨뜻해진 신라면 작은 컵을 들고 나온다. 이 아저씨 신라면 되게 좋아하네…. 질리지도 않는지 매번 신라면을 먹었다.

아빠가 운을 뗀다. 오늘도 뭔가 일이 있었나 보다. 나는 별로 대수롭지 않게 여겼다. 속상한 일이 있어도, 기쁜 일이 있어도, 모든 순간 술을 놓지 않는 날이 거의 없었기 때문이다. 나도 아빠의 장단에 맞춰 학교에서 있었던 일들을 얘기한다. 별일 없었지만, 그냥 뭔가 있었던 것마냥 거추장스럽게. 아빠는 가끔은 울고, 또 가끔은 웃었다. 그러고는 갑자기 미안하나, 고맙다, 사랑한다, 이런 부류의 말들을 늘어놓곤 했다. 나는 그 말에 참을 수 없는 눈물을 흘린다. 이상하게 아빠의 입에서 그런 말이 나오면 난 눈물을 흘렸다. 왜 그랬을까? 어쩌면 아빠와 나는 꽤나 애틋한 사이였나…싶다.

그렇게 한바탕 눈물을 흘리고 나면 슬슬 아빠도 잠이 쏟아진다. 집으로 돌아가기로 결정했다. 후다닥 치우고 집으로 간다. 다시 계단을 오른다. 숨이 가빠 헉헉댄다. 맨날 올라도 맨날 힘든 건 어쩔 수 없었다. 비밀번호를 치고 집으로 들어간다. 아빠는 담배 한 대만 피우고 들어가겠다며 나를 먼저 들여보낸다. 들어오니 이번엔 진짜 자고 있는 듯한 오빠가 보인다. 재수 없는 놈. 오빠는 꼭 자기 혼자 빠져나간다. 나는 2층으로 올라가 옷을 갈아입는다. 그리고 포근한 이불 위로 누우면 아빠가 올라와 잘 자라는 인사를 건넨다. 모순이었다. 내가 누구 때문에 못 자는데. 아무튼 나도 아빠에게 잘 자라는 인사를 건네고 눈을 감는다. 나는 아빠가 진짜 싫다.

* 출처: https://howahha.tistory.com/entry/나는-아빠가-진짜-싫다 [프리라이팅-명예의전당:티스토리]

작사·작곡 유튜브 뮤직

제목: 건너편 버스 안에 너

[verse1]

계절은 여름에서 가을로

나는 학교에서 집으로

가는 버스 창문으로

우연히 너를 보았어

남이 되고 보니까

더 반갑게 느껴지는 건

무슨 이상한 심리인지

난 너무 궁금해

[chorus1]

건너편 버스 안에 있던 너

그런 너를 보는 나

영화 같았어, 너무 보고 싶었어

너도 나와 같은 마음이었지

[verse2]

헤어지자고 한 건 나인데

얼굴 보니까 또 한 번 보고 싶은 건

무슨 이기적인 심리인지

난 너무 궁금해

[chorus2]

건너편 버스 안에 있던 너

그런 너를 보는 나

영화 같았어, 너무 보고 싶었어

너도 나와 같은 마음이었지

[bridge]

이 가을이 겨울이 됐을 때

손이 시렵다면

내가 네 손을 다시 잡아도 될까?

너만 괜찮으면 우리 다시 만날까?

[chorus3]

건너편 버스 안에 있던 너

그런 너를 보는 나

영화 같았어, 너무 보고 싶었어

너도 나와 같은 마음이었지

[chorus4]

건너편 버스 안에 있던 너

이제 내 옆으로 와

이젠 우리의 영화를 쓰자

너도 나와 같은 마음이라면

* 출처: https://howahha.tistory.com/entry/건너편-버스-안에-너 [프리라이팅-
  명예의전당:티스토리]

제목: 〈사랑은 지옥에서 온 개〉

내가 노래를 하나 추천해주려고 해. 먼저 이 노래의 제목은 〈사랑은 지옥에서 온 개〉이고, 이 노래의 편곡은 그루비룸이라는 힙합 장르를 다루는 작곡가 DJ 겸 래퍼이기도 해. 그루비룸에는 박규정과 이휘민이 있는데, 보통 이들은 붐뱁, 트랩 같은 힙합 장르의 곡을 주로 프로듀싱하거나 퓨처, 칠 트랩 등 전자음악 장르와 밀접한 트렌디한 사운드를 보여주는 것이 특징이야. R&B와 같은 대중적인 음악들도 작곡하기도 해. 참여 음반 목록만 보아도 모두 힙합계의 유명인사들과 같이 작업하며 장르가 하나에 국한되어 있지 않아서 다양한 곡들을 만들어낸다고 해. 멤버 박규정은 피아노, 베이스 등 주로 어쿠스틱, 리드 파트를 담당하고 있으며, 멤버 이휘민은 신스, 드럼 등 신시사이저와 리듬 파트를 담당하고 있어.

참여곡 중에 대중적으로 유명하거나 내가 좋아하는 노래들도 몇 개 추천해줄게!! 개리의 〈바람이나 좀 쐐〉(feat. 우혜미), 헤이즈의 〈널 너무 모르고〉, 그리고 내가 지금 소개하고 있는 〈사랑은 지옥에서 온 개〉(feat. 수란) 이 세 노래를 내가 가장 좋아하면서도 대중적인 노래들로 추려서 가지고 와봤어. 그루비룸은 2017 올해의 프로듀서 상을 받기도 하였고, 힙합 프로그램의 멘토나 심사위원으로도 많이 등장했어.

〈사랑은 지옥에서 온 개〉라는 노래에서는 비유적 표현이 많이 등장해서 가사를 듣는 재미도 쏠쏠해. 그래서 비유적 표현이 들어간 가사 부분도 설명해줄까 해. "사랑은 개, 물리지 않게 그걸 저기 묶어놔 묶어놔 묶어놔"라는 가사에서 찾아볼 수 있는 비유에는 무엇이 있을까 생각해보면, 사랑이라는 감정을 개라는 생물처럼 비유하였으니 활유법이라고도 말할 수 있어.

이 가사의 상황은 사랑을 놓치고 싶어 하지 않는 사람이 이별을 말하는 여자에게 '사랑은 개이고 물리지 않게(=아프지 않게) 널 잡을 거야'라는 의미를 담고 있어. 예시를 들어보자면 커플이 이별하는 상황에서, 아프기 싫어 붙잡는 남자와 이별이라는 아픔을 주는 여자를 들 수 있고, 이별을 말하는 여자에게 이별을 받기 싫어하는 남자의 대사라고 생각해볼 수 있다고 생각해.

내가 이 노래 가사에서 생각해봤던 건, 이 노래의 가사가 과연 누구에게 공감이 될 수 있는지, 이해가 될 수 있는지였던 거 같아. 지금 이 가사에선 사랑을 하고 있는 모든 사람들에게 다 공감이 될 수 있는 말이고, 이해가 될 수 있는 말들이라고 생각해. 물론 아닐 수도 있지만, 사랑을 하고 있는 모든 분들이 다 사랑은 동화 같을

순 없다고 생각하거든.

　그리고 두 번째로 찾은 가사는 "니가 하는 말들은 다 깨진 자막 같애. 총을 빼고 겨눠 넌 지금 악당 같애. 사랑은 춥고 우린 밤에 사막 같애"라는 가사야. 여기서 찾아볼 수 있는 비유는 직유법이라고 할 수 있어. 이 가사 끝에 '같애'라는 가사는 반복이라고도 할 수 있지. 반복을 사용하여 자칫 직유법만 사용하면 밋밋하고 지루해 보일 수 있는 가사에 반복적인 라임을 맞췄다고 볼 수 있어.

　이 가사의 상황을 생각하여 말해보자면, 이별을 말하는 너의 말과 행동 모든 모습이 나에겐 이렇게 보여. '우린 너무 춥고 어두워져 있어'라는 의미와 함께 서로에게서 너무 멀어져버린 상처라고도 생각해볼 수 있어. 예시를 들어보자면, 너와 가장 친한 친구이고 늘 항상 같이 붙어 다닌 친구가 있었는데, 어느 순간에서부터 그 친구가 너를 피하고 너에게 상처 주는 말들과 함께 널 아프게 한다고 생각하면 이해가 좀 더 빠를 거 같아.

　이 가사에서는 어떤 사람들에게 이 노래 가사가 더 공감되고 위로가 될지를 생각해본 거 같아. 이 노래 가사는 사랑에 지쳐 있는 사람들과 사랑에 권태기가 오는 사람들한테 더 공감이 되고 위로가 될 거 같다고 생각해. 왜냐하면 사랑에 지쳐 있는 사람들이 좀 더 이별을 말하거나 듣는 상황이 더 많을 거 같고, 이별을 말하고 있는 사람들에게도 보여주고 싶은 말이기도 해. 이별을 말하지 말라는 소리가 아니라, 듣는 사람의 입장에선 이별을 말하는 사람이 저 가사처럼 느껴지지 않았으면 하는 바람으로 말해본 거야.

마지막으로 찾은 가사는 "마치 영화처럼 가, 영화처럼 가"라는 가사야. 이 가사에서 찾아볼 수 있는 비유에는 '마치 영화처럼'에서 '~처럼'이라는 형태의 비유이기 때문에 직유법이라고 말할 수 있어.

이 가사의 상황은 앞의 가사 부분과 연결되어 있어서 그 가사도 좀 보여주도록 할게. "숨이 가빠지고 막 아파. 아무렇지 않은 척 돌아서 그가 쳐다보고 있잖아. 두 발아 머뭇거리지 좀 말아줘"라는 가사인데, 아까 이별을 말하려던 여자가 하는 말이라고 생각해볼 수 있어. 이로써 이별을 말하던 여자도 이별을 말하기까지 힘들었을 수 있다는 점과, 머뭇거리는 발걸음과 영화처럼 가려는 것도 다 이별이 익숙하지 않은 상황에서 미련이 남았던 건 아니었을까 생각해볼 수 있어. 사랑에서 늘 상처받았던 사람들에게 이 말을 보여주고 싶었어. 상처받아 늘 아파하던 사람들에게 이별의 끝이 보인다면 그 마지막은 상처가 되지 않게, 먼저 영화처럼 갔으면 좋겠다. 저 가사는 모두에게 보여주고 싶은 말인 거 같아. 왜냐하면 각자의 인생에서는 각자가 주인공이기에 각자의 삶을 영화처럼 살았으면 좋겠다라는 생각을 했어.

이 노래에서 내가 생각하는 명대사는 "사랑은 개, 물리지 않게 그걸 저기 묶어놔 묶어놔 묶어놔" 이 부분이야. 왜냐하면 사랑을 개에 비유하여 도망가지 않게 묶어놓으라는 가사와 매드 클라운 특유의 화법과 수란의 음색이 너무 좋았기 때문이야.

〈사랑은 지옥에서 온 개〉라는 노래는 미국의 유명한 시인이자 소설가인 찰스 부코스키의 동명 작품에서 모티브를 얻어서 만들어진 곡이야. 사랑했던 남자와 여자의 이별 상황을 각자의 입장과 상황에서 듣는 듯한 느낌을 받는 것과 동시에 노래에 잘 녹여냈기에 너무 잘 어울렸던 거 같았어.

그리고 두 번째 내가 생각하는 명대사는 "알면서도 속고 또 속아도 믿는 게 차라리 덜 아파서 믿어버리는 그런 기분 알아" 이 부분이야. 이 가사에서 정말 내가 느낄 수 있는 최대치로 공감이 되었던 부분인 거 같아. 차라리 거짓말이라는 걸 알지만 믿는 게 덜 아파서라는 이 내용이 정말 모든 걸 담고 있다는 느낌을 확 받았거든. 인간관계에서나 사랑하는 연인 관계에서나 모든 상황 속에서 어울릴 수 있는 말이며, 차라리 거짓말이라도 덜 아프겠다는 말이 체념한 것과 비슷한 상황이라고 볼 수 있기도 한 거 같아.

또 내가 생각하는 명대사는 아까 잠깐 소개되었던 "숨이 가빠지고 막 아파. 아무렇지 않은 척 돌아서 그가 쳐다보고 있잖아. 두 발아 머뭇거리지 좀 말아줘" 이 부분이야. 이 부분이 왜 명대사라고 생각하냐면, 사랑에서의 이별을 숨통을 조이는 듯한 느낌을 받으며 이별을 말하는 사람에게도 사연이 있는 건 아닌지 예측하게 되고 상상이 잘되거든. 또 이 부분을 수란이 불렀는데, 정말 이 가사에서 실존하는 사람처럼 이 가사에 정말 잘 맞게 노래를 불러줘서 몰입이 더 잘된 기억이 있어.

마지막으로 내가 이 노래를 알게 된 계기를 설명해주려고 해. 이 노래는 정말 우연치 않게, 여느 날과 다를 거 없이, 기분이 좋지 않을 때나 그림을 그릴 때 노래를 찾아 듣는 내 습관에서 이 노래를 알게 되었어. 그날도 어김없이 난 기분이 별로 좋지 않아서, 그림을 그리면서 혼자만의 시간을 즐기려고 유튜브에 들어가 노래를 찾아보고 있었어. 그날따라 다 들은 노래라서 들을 노래들도 마땅히 없었기에, 아 그림 그리기 전에 노래나 좀 찾아놓고 그림을 그려야겠다, 무슨 좋은 노래들이 있을까 하는 생각에 유튜브에 노래를 검색했어. 난 늘 인디힙합이나 R&B, 힙합 듣는 것을 좋아하기 때문에 인디힙합을 유튜브에서 검색해 찾고 있었어. 그러면서 유튜브를 타고 타고 타고 들어가다 보니 괜찮은 노래들은 몇몇 발견했지만 내 스타일의 노래는 아니었고, 별로 내가 딱 좋아할 만한 노래들은 아니었어. 그래서 아 허탕인가 생각하고 노래는 조금 있다가 찾아야겠다 싶어서 유튜브를 끄고 폰을 하다가, 다시 노래가 듣고 싶어져서 유튜브에 들어간 찰나였어. 내가 너무 많이 인디힙합과 힙합 노래의 알고리즘으로 노래를 타고 타고 들어서 그런가, 그날따라 내 유튜브 알고리즘은 인디힙합과 힙합으로 꽉 차 있었어. 그중 되게 신기해 보이는 첫 화면에서 강렬한 노란색의 배경에 남자가 그려져 있고, 〈사랑은 지옥에서 온 개〉라는 제목이 써 있었고, 궁금해서 들어가본 그 순간이 이 노래와의 첫 만남이라고 할 수 있어.

* 출처: https://brunch.co.kr/@kkamjangee/294 [사랑은 지옥에서 온 개-내 인생의 케이팝:브런치]

07

소설 수업을 질문으로

시작하는 이유

소설 수업에서 제가 가장 먼저 중요하게 여기는 것은 재밌는 소설을 선정하는 것입니다. 저는 재미가 쌓여서 의미가 된다고 믿거든요. 소설이 정말 재밌어서 학생들이 소설 읽는 것 자체에 푹 빠지고, 소설에 관해 대화를 나누는 것에 푹 빠지고 나면, 그다음부터는 자연스럽게 자신의 질문이 답을 찾아갈수록 재미와 감탄과 소름에 이르게 되죠. 그렇게 해서 학생들이 소설에 의미를 부여하는 데까지 도달하게 되면 그것만큼 재밌는 수업이 또 없습니다.

그런데 단지 재미만으로는 부족한 것 같아요. 최근 몇 년간 특성화 고등학교에 근무하면서 점점 더 그런 생각이 강해졌어요. 제가 경험한 학생들은 쓸모를 무척 중요하게 생각하더라고요. 그걸 하면, 그걸 배우면 자기에게 어떤 쓸모가 있는지를 계속 물어요. 덕분에 저도 고민하게 되었죠. 이 학생들이 인스타와 유튜브에서 만나는 그 재미난 영상처럼, 실습 시간에 배우는 그 생생하고 또렷한 배움처럼, 소설 수업에 몰입해야 할 이유가 뭘까요? 그러니까 우리에게 소설의 쓸모는 무엇일까요?

지금까지 제 결론은, 소설은 우리의 삶에서 매우 중요한 개념과 감정들을 아주 생생하게 배울 수 있게 해준다는 것이었어요. 이를테면 사랑이란 무엇인가, 성장이란 무엇인가, 즉 '사랑'과 '성장'의 개념과 이를 둘러싼 감정을 배우는 데 가장 좋은 방법이 소설이라는 것이죠. 복잡하고 정교한 이런 개념들은 어떤 구체적인 상황과 인간과 논리와 감정을 함께 체험해야만 배울 수 있는 것이기 때문입니다.

그러면 재밌으면서도 쓸모 있는 소설은 어떻게 고를까요? 저는 그 중요한 기준으로 '상황'을 꼽는데요, 소설의 진짜 재미도 바로 이 '상황'에서 비롯한다고 생각해요. 만약 당신이 이런 상황에 있다면, 당신은 어떻게 할 것인가? 이 질문이 주어졌을 때 누구라도 단번에 사로잡혀 깊게 고민할 수밖에 없게 만드는, 그런 상황을 제시하는 소설이 있다면, 그 소설은 틀림없이 재미있고 쓸모 있습니다.

단편소설에는 제한된 상황과 인물이 있고, 논리와 감정이 있어요. 그리고 독자들은 소설 속 상황과 자신의 상황을 맞대어보면서 사고실험을 할 수 있죠. 그런 의미에서 저는 현재 대한민국의 평균적인 중고등학교 수준에서 가장 효과적인 인문학 수업의 도구도 단편소설이 가장 적절하다고 여깁니다. 학생들의 감정과 논리가 단편소설이라는 사고실험과 만나면 가장 밀도가 높아지는 듯해서요. 예를 들면 다음과 같은 소설이 있습니다.

〈헬렌 올로이〉 레스터 델 레이

로봇 공학자 데이브와 내분비학 전문 의사인 필은 서로 협력하여 최첨단 가정용 로봇을 만듭니다. 두 사람이 사랑에 빠질 만큼 아름답게 만들어 '헬렌'이라고 이름 붙입니다. 전원을 올린 헬렌의 성능은 대단히 뛰어났습니다. 문제는, 그 성능이 지나치게 뛰어났다는 것입니다. 헬렌은 데이브에게 사랑을 고백합니다. 데이브는 고뇌에 빠집니다. 출장을 다녀온 필은 이 상황을 해결해보려 했지만 실패합니다. 데이브와 헬렌은 결국 행복한 부부로 살고, 필은 이들을 돌봅니다. 인공지능의 사랑은 인간의 사랑일 수 있을까요? 당신이 데이브와 필의 상황이라면 어떤 선택을 할 것인가요?

〈19세〉 이순원

정수는 공부를 잘하는 형에 대한 열등감, 이제 막 빠져든 성적 호기심,
대관령 너머의 세계에 대한 동경으로 서둘러 어른이 되고 싶어 합니다.
학교는 그만두고 농사를 지으면서, 좋아하는 누나와 행복하게 살기를
원하죠. 정수가 생각하는 어른이란 돈을 버는 사람입니다. 아버지와의
줄다리기 끝에 마침내 학교를 그만두고 농사를 시작한 정수는 첫해에
큰돈을 벌어 오토바이까지 사며 어른으로서의 생활을 즐깁니다.
하지만 농사가 고만고만했던 둘째 해에 큰 고민이 생깁니다. 자신은
아직 어른이 아니며, 여전히 아이 같다는 생각이 든 것이죠. 어른이란
무엇일까요? 우리는 언제부터 어른이 되는 것일까요? 학교로 다시
돌아간 정수는 어른이 된 것일까요, 아니면 아이가 된 것일까요?

〈자전거 도둑〉 김소진

승호는 자신의 자전거를 훔쳐 타고 고스란히 제자리에 가져다놓은
자전거 도둑 서미혜에게 호감을 느낍니다. 얼굴도 예쁘고 몸매도
시원한 서미혜는 에어로빅 강사였죠. 〈자전거 도둑〉 영화를 같이
보자는 초대에 찾아간 서미혜의 집에서 승호는 순간, 위험을 느낍니다.
이건 뭔가 함정 같다는 느낌이었죠. 그러다 승호는 자신이 어린
시절 겪었던 충격적인 폭력과 감정, 그리고 복수와 죄책감에 대해
이야기합니다. 놀라운 것은 서미혜도 자신이 비슷하게 겪은 어린

시절의 폭력과 감정, 복수와 죄책감에 대해 이야기한 것이죠. 그러나 승호는 그 자리에서 도망갑니다. 그리고 다시 서미혜를 만나고 나서도 끝까지 도망치죠. 그 모든 책임을 서미혜에게 돌리면서요. 이 소설에서 정말 함정을 파고 있는 사람은 누구일까요? 상처는 어떻게 함정이 되는 것일까요? 어린 시절의 상처가 나의 행복을 가로막는 함정이 되지 않게 하려면, 나는 어떻게 해야 할까요?

재밌으면서도 우리의 사고실험을 일으키는 매력적인 소설이 준비되었다면, 이제 학생들을 소설에 몰입하게 할 수 있는 방법이 필요하죠. 지금부터 그 방법을 하나하나 공유해볼게요.

스스로 중요한 질문들을 찾아내기

소설 수업의 기본은 먼저 '보기'입니다. 즉 '사실을 정확하게 파악하는 수업'이죠. 이해, 공감, 추론, 비판, 상상도 결국 사실들 사이의 관계를 파악해야 가능한 일입니다. 그런데 문제가 있습니다. 중학생의 상당수가, 고등학생의 대부분이 사실을 파악하는 수업에 적극 참여하지 않는다는 것입니다. 특히 지필평가라는 경쟁에서 실패한 경험이 누적된 학생들은 더더욱 그렇습니다. 제가 체감하기로도 이런 학생들이 점점 늘어가는 듯해요.

저는 학생이 적극 참여하지 않는 지필평가에는 교육적 의미가 없다고 여깁니다. 학생의 성장에 아무런 도움이 안 되기 때문이죠. 더욱이 지필평가가 학생의 자존감을 파괴하는 사건으로 기억된다면 이것은 대단히 문제입니다. 그러면 어떻게 해야 학생들의 자존감을 덜 다치게 하면서도, 적어도 10명 중 7명이 참여하는 '보기' 수업을 만들 수 있을까요? 저에게 이 문제를 해결하는 데 유용했던 방법은 '질문 게임'이었습니다.

대개 3~4차시 동안 진행한 질문 게임은 소설을 읽고 각자 4개씩 질문을 만든 뒤, 모둠별로 8개의 질문을 선택해서 진행하는 모둠대항 퀴즈 대결입니다. 놀랍게도 학생들은 중요한 질문을 스스로 잘 찾아냈는데, 질문 출제의 기준을 '중요도'라고 정확하게 제시했기 때문이죠. 학생들에게 중요한 문제를 내달라고 요청을 했더니, 당장 질문이 돌아왔습니다.

"선생님, 중요한 게 뭐예요?"

"선생님, 중요한 것을 어떻게 찾을 수 있어요?"

학생들에게 이런 질문을 받았다면, 이 수업은 이미 성공입니다. 중요한 것이 무엇인지 학생들 스스로 묻도록 하는 것이 이 수업의 목적이니까요.

학생들에게 문제를 만들라고 하면 대부분 어려운 문제를 내려고 합니다. 문제 출제의 기준이 '난이도'인 것이죠. 어쩌면 당연한 일입니다. 학생들에게 문제를 내온 어른들이 내내 강조한 것이 난이도였기 때문입니다. 지금도 학교에서 교사가 지필평가를 출제할 때 배점의 근거는 난이도입니다. 그러니까 문제 해결 능력의 근원을 어려운 문제에서 찾는 것은, 학생이나 교사 개인의 문제가 아니라 대한민국 교육의 기본 행정인 것이죠. 우리의 교육 시스템은 어려운 문제를 해결하는 것이 인간이 개발해야 할 능력이라고 믿는 것이죠. 그러나 이제부터는 아닙니다. 지금 세계는 인공지능의 시대에 들어서고 있습니다. 인공지능은 인간에게 어려운 질문에 너무도 쉽게 답하고 있습니다. 그러니 난이도가 문제 해결 능력의 근거라면, 이제 인간이 할 일은 없습니다. 정말 그럴까요?

김유정 작가의 단편소설 〈만무방〉을 학생들과 함께 읽었습니다. 그리고 학생들에게 문제를 만들어달라고 요청했죠. 처음 이 수업을 시도했던 때라 제게 익숙한 방식으로 난이도 기준을 제시했습니다. 그랬더니 수업이 망가지기 시작하더군요. 학생들이 누구도 도저히 풀 수 없는 어려운 문제들을 냈기 때문입니다. 예를 들면 이런 질문입니다.

'소설 만무방에 등장하는 '가'의 개수는?'

‘소설 만무방에 나오는 숫자를 다 더한 값은?’

‘소설 만무방에 나오는 사람은 모두 몇 명?’

학생들을 탓할 일이 아니었습니다. 제가 요구한 대로 정확하게 수행했으니까요. ‘어려운 질문’을 중심으로 수업을 기획하면, 그 수업은 전혀 중요하지 않은 것들을 탐구하게 됩니다. 그건 제가 원하는 수업이 아니었죠. 제가 원하는 수업은 ‘중요한’ 질문을 찾고, 그 질문에 ‘중요한’ 대답을 하는 수업입니다. 그 문답에 정말 중요한 상황과 논리와 근거가 있는지 묻고 답하는, 중요한 대화가 오가는 수업입니다.

‘중요함’을 인정받으려면 합의와 논리와 근거가 필요합니다. 나 혼자에게만 중요한 것이 아니라 모두에게 중요하려면, 함께 사실을 파악하고 추론하고 공감하고 공유해야 합니다. 그러니까 인공지능에게는 어렵지만 인간에게는 그래서 오히려 즐거운 그런 대화 말입니다. 그래서 결국 질문의 가장 중요한 전제를 ‘중요도’로 수정하게 되었습니다.

소설의 핵심에 다가가는 질문들

질문 게임의 기준을 중요도로 정했더니 예상치 못했던 좋은

점이 하나 더 생겼습니다. 학생들 스스로가, 중요한 것 중에서
도 어려운 것에 집중하게 되었다는 것입니다.

질문 게임은 모둠별로 서로 경쟁하는 모둠대항 퀴즈 대결
입니다. 상품이 고작 초코파이나 초코송이이긴 하지만, 엄연
히 승패가 명확히 나뉘는 게임이죠. 학생들은 당연히 게임에
이기려고 합니다. 이기기 위한 방법은 간단하죠. 어려운 문제
를 내면 되니까요. 그러나 중요도가 질문의 기준이기 때문에,
중요하지 않은 문제가 발견되면 점수를 상대방에게 넘긴다는
규칙을 두었습니다. 그러자 정말 놀라운 일이 생겼습니다.

중요하면서도 어려운 문제를 만들려고 하다 보니, 학생들
은 사인스럽게 소설의 핵심으로 다가갔습니다. 너무도 중요해
서 모두가 자연스럽게 알 수밖에 없는 것부터, 중요하지만 모
두가 자연스럽게 알기는 어려운 것들, 그러니까 은유나 상징
이나 추론이나 상상 같은 것들까지 시도하기 시작했습니다.
게다가 이 수업에서 학생들이 만든 문제 중 잘 만든 문제를 시
험에 내겠다고까지 했으니, 그리고 진짜로 시험에 그 문제들
이 나오고 심지어 어떤 질문은 그 학생의 학생부에까지 기록
되었으니 어떤 일이 일어났을까요?

일단 조는 학생이 거의 없어졌습니다. 제가 강의로 진행했
다면 수업 시작 5분 만에 이미 절반은 엎어졌을 듯한 그 학생

들이, 수업이 끝날 때까지 소설에 깊이 몰입했습니다. 심지어 수업 종이 울린 후에도 학생들은 질문 게임에 열중했습니다. 저에게 아직 수업을 끝내지 말아달라면서요. 교실에 웃음과 놀림과 놀람과 감탄과 박수와 탄성이 가득했습니다.

그러는 사이, 더 놀라운 일이 벌어졌습니다. 학생들이 소설을 무려 다섯 번도 넘게 읽은 것이죠. 처음에 한 번 읽고, 질문 만들기 위해 다시 읽고, 모둠별로 질문을 선정하고 중요도를 협의하면서 다시 읽고, 질문 게임을 진행하면서 또 읽고, 그 사이 친구들과 소설에 대해 이야기를 나누며 또 읽게 되죠. 그러니까 다섯 번 읽으라고 시키지도 않았는데 그렇게 읽는 거예요. 목표를 지시하지 않았지만 결국 목표를 달성하게 되는 수업. 공교육의 교사가 도전해야 할 수업은 이런 것이 아닐까요.

무엇보다 질문 게임은 교사가 지치지 않는 수업입니다. 수업이 진행되는 동안 저는 거의 말을 하지 않습니다. 처음 시작할 때 5분, 중간에 시간을 알리고 점수를 확인하면서 잠깐, 학생들 사이에 웃음기 넘치는 다툼이 생기거나 진지한 논란이 생겼을 때 다가가서 상황을 해결해주는 잠깐, 그때만 말을 할 뿐입니다. 수업 시간 내내 저는 학생들 사이를 거닐었습니다. 웃음과 놀림과 놀람과 감탄과 박수와 탄성 사이를 거닐었습니다. 그렇게 여유롭고 밀도 있는 시간 속에서 저의 기운을 한껏 모았습니다. 그리고 마지막 시간에 저의 모든 에너지를 쏟아부었습니다. 학생들이 소름이 돋도록, 학생들이 탄성을 지르도록, 학생들과 함께 긴장 넘치는 질문을 주고받으며 밀도 있는 시간을 보냈습니다. 질문 게임으로 진행하는 소설 수업은 늘, 저에게 행복한 시간입니다.

질문 게임으로 진행하는

08

소설 수업 5단계

질문 게임으로 소설 수업을 시작하기 전에 먼저 갖춰야 할 준비가 있습니다. 모둠을 구성하고, 모둠원의 역할을 정하는 것이지요. 대략 10분 징도면 끝납니다.

모둠 구성의 방법은 다양할 수 있으나, 인원은 늘 4명(이끎이, 기록이, 큰입이, 나름이)을 기준으로 했습니다. 간혹 상황에 따라 3명이나 5명도 허용했는데, 3명 모둠은 기록이가 나름이 역할도 같이 했고, 5명 모둠은 큰입이를 2명으로 했습니다.

이끎이는 퀴즈를 4개 만들고, 회의를 진행하며 메인 발표자 역할을 합니다. 기록이는 퀴즈를 6개 만들어 퀴즈를 다 만들지 못한 친구들에게 분양하고, 이끎이와 함께 모둠 퀴즈 8개를 선정해 중요도를 결정합니다. 큰입이는 퀴즈를 4개 만들고, 다른 모둠에게 가서 퀴즈쇼를 진행하며 이끎이와 함께 보조 발표자 역할을 합니다. 나름이는 퀴즈를 4개 만들고, 학습지를 관리하고 촬영하며 시험 기간에 수업 기록을 친구들에게 제공해야 합니다.

이 역할은 가능하면 협의로 정하게 했는데, 그게 어려우면 가위바위보로 정했습니다. 단, 가위바위보에서 진 사람이 패배의 쓰라림을 느끼면서 먼저 고르고, 이긴 사람은 승리의 쾌감을 즐기면서 남은 것을 가져가게 했습니다. 특히 학생들이 평균적으로 학습 능력이나 학습 의지가 부족한 상황에서는 각자에게 역할을 부여하는 것이 학생들의 수업 참여에 크게 효과적인 듯합니다.

'보기' 수업 5단계, 사실 확인 질문

1단계는 소설 읽기입니다. 단편소설 원문을 학생들에게 나눠주고 수업 시간에 각자 읽게 했습니다. 다 읽은 학생은 교사에게 다 읽었다고 알리도록 합니다.

2단계는 개인별 퀴즈 만들기입니다. 소설을 다 읽은 학생에게 교사가 질문 게임 학습지를 줍니다. 학생들은 각자 4개의 퀴즈를 만들고, 퀴즈와 함께 답도 만들어야 합니다. 퀴즈는 사실 확인 질문, 즉 '닫힌 질문'이어야 합니다. 개인적인 해석이나 협의가 필요한, 그래서 개인마다 답이 다를 수 있는 열린 질문을 만들면 안 됩니다. 소설의 사건과 인물, 상황과 맥락을 통해 논리적으로 확인할 수 있는 것들로 질문을 만들어야 합니다. 우리가 알 수 있는 것과 알 수 없는 것, 그것을 구별하는 것에서부터 소설에 대한 이해가 시작되기 때문입니다.

3단계는 모둠별 퀴즈 만들기입니다. 학생들은 모둠별로 8개의 퀴즈를 선정하고, 각각의 중요도를 결정합니다. 학생들이 각자 4개씩 퀴즈를 만들고 나면, 이끎이와 기록이가 나서서 8개의 퀴즈를 선정합니다. 선정 기준은 중요도입니다. 중요도에 따라 별 개수를 결정해야 합니다. 별 3개 3문제, 별 2개 3문제, 별 1개 2문제입니다.

4단계는 모둠대항 질문 게임입니다. 각 모둠의 큰입이들이 시계 방향으로 이동합니다. 옆 모둠으로 가서 자기 모둠에서 만든 퀴즈를 출제합니다. 8개 문제를 다 냅니다. 한 문제당, 앉아 있는 3명은 각자 한 번씩의 대답 기회를 갖습니다. 서로 논의는 얼마든지 가능하지만, 정답을 외치고 문제를 맞힐 수 있는 기회는 각자 한 번뿐입니다. 3명 중 1명이라도 정답을 맞히면 다음 문제로 넘어갑니다. 3명이 다 틀리면 오답을 선언하고, 정답을 알려준 후 다음 문제로 넘어갑니다.

5단계는 점수를 확인하고 이런 활동을 반복하는 것입니다. 8개 문제 출제가 모두 끝나면 점수를 확인합니다. 자신들이 맞힌 문제의 별 개수를 합산한 것이 점수입니다. 교사는 이 점수를 칠판 한 면에 정리합니다. 한 학급 20명, 4명씩 5개 모둠을 기준으로 하면 학생들은 이러한 활동을 4번 반복하고 다시 자기 모둠으로 돌아오게 됩니다.

이렇게 모둠대항 질문 게임을 진행하면 교사의 별다른 개입 없이도 소설의 중요한 사실에 대한 학생들의 이해가 높은 수준에 닿습니다. 그러나 여기에는 분명한 한계가 있습니다. 당연한 것이지만, '사실 확인 질문만 가능하다'는 것 때문이죠. 소설을 이해하는 데 사실을 먼저 확인하는 것은 물론 중요합니다. 사실을 공유하지 못한다면 우리의 대화는 헛돌고, 이해는 실패하고, 상한 감정과 불쾌만이 남을 것입니다. 우리가 모두 동의할 수 있는 사실을 정확히 가려내고 낱낱이 밝히는 것만으로도 우리의 대화는 50퍼센트 이상 성공이죠. 그러나 그것만으로 우리의 대화가 완성되는 것은 아닙니다. 우리가 정말 나누어야 할 대화는 이해하고, 공감하고, 추론하고, 비판하며, 상상하는 것입니다. 이것이 우리가 나누려는 대화의 나머지 50퍼센트입니다. 이것을 어떻게 이루어낼 수 있을까요?

추론, 비판, 상상을 해내려면 소설을 '보기'만 해서는 안 됩니다. '읽기'를 해내야 합니다. '읽기'는 '사실들 사이의 관계를 파악하는 일'입니다. '보기'는 '읽기'의 전제이지만, '읽기'를 만나야 비로소 의미를 갖습니다. 우리가 소설 〈만무방〉을 읽는 이유는 인물들의 이름과 훔쳐간 물건들의 목록을 외우기 위함이 아니죠. 인물의 상황을 이해하고, 관계를 파악하고, 원인을 추론하고, 비판에 공감하기 위해서입니다. 그래서 '읽기'란 사실들의 관계를 이해하고 추론하고 비판하고 상상하는 일입니다.

어떻게 하면 학생들이 '읽기'에 몰입하도록 할 수 있을까요? 그러면서도 교사가 지치지 않게 할 수 있을까요? 그래서 저는 다음 단계로 추론·비판·상상 질문 게임을 권합니다. 역시 5단계로 진행할 수 있습니다.

'읽기' 수업 5단계, 추론·비판·상상 질문

1단계는 논제 만들기입니다. 소설에 대한 추론, 비판, 상상의 논제를 만듭니다. 학생들이 평균적으로 학습 수준이나 참여 의지가 높은 상황이라면, 학생들이 직접 논제를 만들게 하는 것을 권합니다. 모둠별로 한 가지 이상씩 논제를 만들고, 각 모둠 이끎이들이 교사에게 알려줍니다. 이때 교사의 역할이 중요합니다. 학생들이 만들어온 논제가 단순한 사실 확인 질문이거나, 간단한 추론으로도 대답 가능한 질문이거나, 작품의 맥락에서 그리 중요하지 않은 질문이라면 질문을 다시 만들어오도록 해야 합니다. 그런데 만약 학생들이 평균적으로 학습 수준이나 참여 의지가 낮은 상황이라면, 교사가 직접 논제를 만들 것을 권합니다.

〈헬렌 올로이〉

• 헬렌이 감정을 배운 방법은? 헬렌의 감정을 인간의 감정이라 할 수 있을까?

• 헬렌이 원하는 사랑의 방식은? 헬렌의 사랑을 인간의 사랑이라 할 수 있을까?

• 데이브가 헬렌의 사랑 고백을 받고 괴로워한 이유는? 데이브의 결론에 찬성? 반대? 이유?

• 필이 과수원으로 떠난 데이브에게 전화를 한 진짜 이유는?

• 필이 마지막에 한 말의 의미는? 이것의 복선은?

• 헬렌은 이상적인 아내(남편)인가? 찬성? 반대? 이유?

- 레나, 아치, 헬렌 중에서 가장 인간다운 존재는?

- 작가는 왜 이 소설의 제목을 '헬렌 올로이(=헬렌 오브 트로이)'라고

  지었을까?

〈19세〉

- 농사를 짓기 전, 정수가 생각한 어른의 기준은? 찬성? 반대? 이유?

- 정수가 어른이 되고 싶었던 이유 3가지?

- 정수 아버지의 교육 방식은? 찬성? 반대? 이유?

- 정수가 학교를 그만두기 위해 활용한 방법은? 찬성? 반대? 이유?

- 정수는 자립에 실패했는가? 아닌가? 이유는?

- 학교로 다시 돌아간 정수는 어른이 된 것일까? 아이가 된 것일까?

  이유는?

〈자전거 도둑〉

- 승호는 영화 〈자전거 도둑〉을 보며 왜 하필 '외로움'을 느꼈을까?

- 승호가 스스로 생각한, 마지막에 도망간 이유는?

- 진짜 '함정'을 만들고 있는 사람은 누구인가? 이유는?

- 미혜는 자전거 도둑인가? 아닌가? 자전거를 훔친 방법은?

- 승호가 미혜의 집에서 '함정'을 의심한 이유는?

- 미혜가 자전거를 훔치는 진짜 이유는?

- 승호가 영화 〈자전거 도둑〉 테이프를 찢으려 하면서도 다시 보는
  이유는?

- 승호가 아버지에게 뺨을 맞고 머릿속이 맑아진 이유는?

2단계는 논제 선택과 해결입니다. 교사는 학생 또는 교사
가 만든 논제들을 모두가 볼 수 있도록 칠판에 기록합니다. 이
후 각 모둠에서 협의하여 자신들이 해결하고 싶은 논제를 하
나씩 선택합니다. 학생들이 직접 논제를 만든 상황이라면 다
른 모둠의 논제를 선택하면 됩니다. 선택은 선착순입니다. 선
택이 완료되면 10분간 모둠별로 논제를 해결합니다.

3단계는 논제 재배치입니다. 학생들이 모둠별로 논제를 해
결하는 동안, 교사는 무작위로 나열된 논제를 교사가 의도한
순서에 따라 재배치합니다. 시간 순서나 공간 순서도 좋고, 중
요도나 인물 순서도 좋습니다. 그러면 수업에 흐름이 생깁니
다. 그래서 앞에서 해결한 논제와 대답이 뒤에서 논의할 논제
와 대답의 배경지식이 됩니다.

4단계는 모둠 발표입니다. 학생들이 발표할 때는 늘 지켜
야 할 형식이 있습니다. 논제를 읽고, 인용을 하고, 논리를 발
표하는 것입니다. 모둠에서 두 명이 발표를 합니다. 큰입이가
먼저 논제를 읽고, 이 논제를 해결하기 위해 반드시 인용해야

할 소설의 일부분을 찾아 큰 소리로 읽습니다. 이끎이는 인용한 부분이 어떤 상황에 어떤 의미를 가진 부분인지 설명하고, 논제에 대한 모둠의 결론을 발표합니다. 교사는 칠판에 크게 '논제, 인용, 논리'라고 써놓고, 학생들이 발표한 내용을 요약해 칠판에 적습니다.

5단계는 질문 공격입니다. 학생들의 발표에 대해 다른 모둠이 공격적으로 질문하는 것입니다. 수업에 여유가 없다면 교사가 직접 질문으로 공격합니다. 논제를 다시 묻고, 인용을 다시 묻고, 그 의미를 다시 물으며, 논리에 대해 다시 묻습니다. 교사가 원하는 수준의 논리가 나올 때까지 묻고 또 물었습니다. 예를 들면 〈허생전〉의 경우 '허생을 영의정으로 추천하는 데 찬성하는가 반대하는가'로 다양하게 질문 공격을 할 수 있습니다.

허생의 영의정 임명에 찬성하신다고요?

그렇다면 허생이 앞으로 국정 운영을 어떻게 해나갈 것이라고

생각하나요?

경제적 지식이 많기만 하면 훌륭한 정치인이 될 수 있는 것일까요?

국가의 지도자에게 필요한 역량이란 무엇이라고 생각하나요?

허생은 국가의 지도자로서 정말 충분한 역량이 있는 것일까요?

허생의 영의정 임명에 반대하신다고요?

그럼 조선의 경제는 어떻게 될 것이라고 생각하나요?

국가의 지도자에게 필요한 역량이란 무엇이라고 생각하나요?

허생은 국가의 지도자로서 정말 충분한 역량이 있는 것일까요?

학생들의 발표에 오류가 있을 수 있습니다. 당연한 일입니다. 이때 교사의 대응이 중요합니다. 교사가 학생의 오류를 직접 비판하고 고쳐주는 것은 효과적이지 않습니다. 그보다는 교사가 다시 질문하는 방식이 더 효과적이었습니다. 먼저 교사가 학생의 논리를 수용하고 이해한 후, 학생의 논리로 소설을 이해했을 때 생기는 문제들에 대해 교사가 다시 묻는 방식으로 수업을 진행해야 학생들이 의욕을 잃지 않고, 더 깊이 논제에 몰입했습니다.

교사가

지치지 않고
논제를 만드는 방법
2가지

질문으로 진행하는 소설 수업에서 가장 중요한 것은 '논제'입니다. 학생들이 몰입하는 논제, 그러면서도 작품의 핵심을 꿰뚫는 논제를 만들려면 어떻게 해야 할까요? 지금까지 제 경험으로 가장 좋은 방법은, 이야기 안에서 '가장 약한 사람'이 말할 수 있는 상황을 만드는 것이었습니다. 혹은 이야기 속에 분명 등장했지만 제대로 말할 기회를 얻지 못한 이들이 말하게 하는 것이었습니다.

'가장 약한 사람'이 말하게 하기

이를테면 〈선녀와 나무꾼〉 수업에서는 선녀와 나무꾼의 두 아이가 선택하는 상황을 만들었습니다. 선녀가 날개옷을 입고 두 아이를 안고 하늘로 올라가려던 그 새벽에, 아이들이 깨어 났다면 당연히 엄마에게 묻겠죠.

"엄마, 우리 어디 가?"

"응, 하늘나라."

"엄마, 우리 죽었어?"

"아니, 좋은 데 가는 거야. 원래 엄마가 있던 곳. 엄마의 고향."

"아, 그렇구나. 그럼… 아빠는?"

〈서동요〉 수업에서는, 왕궁으로 돌아온 선화공주가 모든 등장인물을 명예훼손으로 고소한 상황을 만들었습니다. 당대에 추방이란, 사형보다 더 잔인하고 비참한 형벌이었습니다. 공주 신분이었던 선화공주에게는 이렇게 불명예스러운 형벌이 없었을 것입니다. 선화공주가 지혜를 발휘해 왕궁에 복귀할 수는 있었지만, 선화공주의 명예는 어떻게 회복할 수 있을까요? 학생들에게 등장인물 중 한 명을 선택해 자신은 죄가 없음을 주장하게 했습니다. 그리고 이 사건의 가장 큰 책임이 누구에게 있는지 주장하게 했습니다.

이상의 〈날개〉 수업에서는, 일본 경시청에서 '나'와 '나의 아내'를 불법적인 성매매 혐의로 체포한 상황을 만들었습니다. 학생들에게 나와 아내 중 한 명을 선택해, 자신은 죄가 없으며 이 일은 상대방 때문에 벌어진 일이라는 것을 주장하게 했습니다.

이렇듯 이야기 안에서 '가장 약한 사람'이 말하는 상황을 만든 이유는, 논리란 원래 약자를 위해 태어난 것이기 때문입니다. 강자에게는 논리가 필요 없습니다. 강자는 자신을 설명하거나 설득할 필요 없이, 다만 빼앗고 죽일 뿐입니다. 그러나 그렇게 강자의 시대만 계속되었다면 결국은 모두 죽임을 당하게 되겠지요. 그러다 강자와 약자가 함께 서서히 깨닫게 되었을 거예요. 강자 역시 자신의 생존을 유지하려면 약자와 더불어 공동체를 유지해야 한다는 섯을요. 그러기 위해서는 강자와 약자가 모두 동의할 수 있는 '약속', 그러니까 '논리'가 필요했습니다. 그것을 결정하는 것은 강자였겠지만, 그것이 향하고 있는 대상은 약자입니다.

파일럿 프로그램, 단편소설 동아리 만들기

학년 초 동아리를 개설할 때, 단편소설 동아리를 만들어 학생들과 함께 읽으면 정말 좋습니다. 가능하면 학생 선발이 가능한 동아리로 만들어서, 소설을 좋아하고 대화를 즐거워하는 학생들이 최소 5명에서 최대 15명까지 모일 수 있게 하는 것이죠. 학생부 동아리 특기사항에 학생들과 함께 읽은 작품들을 써주고, 학생들이 얼마나 멋진 질문들을 했는지 자세히 적어주면 그 자체로 멋진 기록이 됩니다. 학생들도 무척 뿌듯해하고요.

평소 즐겁게 읽었거나 다른 선생님들이 추천해준 단편소설을 동아리에서 함께 읽습니다. 미리 읽어올 필요도 없습니다. 동아리를 하는 날 소설을 인쇄해서 나눠주면 됩니다. 그리고 진행은 질문 게임 방식을 그대로 활용하면 됩니다. 사실 확인 질문도 학생들이 만들고, 추론·비판·상상 논제도 학생들이 직접 만드는 것이죠.

이렇게 단편소설 동아리를 운영하면 정말 훌륭한 파일럿 프로그램이 됩니다. 파일럿 프로그램이란 방송가에서 정규 프로그램으로 편성하기 전에 시청자 반응을 보기 위해 먼저 해보는 실험적인 프로그램을 말하죠. 동아리에서 다양한 소설 읽기를 실험해본 후 그중 학생들 반응도 좋고 정규 수업에 진행하기에 적절한 작품이 보인다면 그것을 수업 시간에 활용하는 것이죠. 학생들 선발만 잘 해놓으면 이만큼 즐겁고 몰입되고 만족도 높은 동아리도 없습니다. 무엇보다, 정말 교사가 지치지 않는 동아리 활동입니다. 교사가 학생들과 함께 성장한다는 그 연대감이 아주 대단해요. 강추합니다.

나아가 단편소설을 읽는 교사 동아리를 만들어 활동할 수도 있습니다. 가능하다면 비경쟁 토론 방식으로 하면 정말 좋습니다. 비경쟁 토론은 일반적인 토론 방식, 즉 참가자들이 논제를 정하고 대화를 나누다가 마지막에 정답을 남기는 방식과는 다릅니다. 참가자들이 논제와 답을 나누다가 마지막에 가장 중요한 논제를 남기는 방식이죠. 정답을 찾는 것이 아니라 질문을 찾아가는, 정말 아름다운 방식입니다. 서로의 답을 존중하면서도 결국 서로의 질문을 남기는 것은 소설에 대한 해석과 그 의미를 더 크게 확장시키더군요. 무엇보다 교사에게, 소설의 논제를 만들고 다듬는 데 정말 좋은 훈련이 되는 대화입니다. 이 또한 정말 강추합니다.

그러면 이쯤에서, 자연스럽게 떠오르는 질문이 하나 있을 겁니다. 시험문제를 어떻게 출제하지? 이 사람, 현실을 모르나? 수업은 어찌 어찌 한다고 해도, 이걸 시험에 어떻게 낸다는 거야? 선생님들의 질문에 공감합니다. 제가 이 문제를 해결한 방식은 다음과 같습니다.

소설 수업을

10

지필평가에 담으려면

질문 게임으로 소설 수업을 진행한 뒤 평가문항을 만드는 데에는 몇 가지 기술적인 훈련이 필요합니다만, 대부분 선생님들이 익숙하게 활용하고 있는 것이지요. 사실 확인 문제, 단순하고 명확한 추론 문제, 복잡하지만 명확한 추론 문제, '보기'를 활용한 2차 지문 문제 등등. 제가 실제 시험에 출제했던 문항을 몇 가지 예시로 들어볼게요.

사실 확인 질문-대답

닫힌 질문(사실 확인 질문)을 중심으로 진행하는 모둠대항 질문 게임은 지필평가에 다음과 같은 선다형-사실 확인 문제로 출제한다.

- '(가)-(라)를 통해 확인할 수 있는 사실로 바르지 않은 것은?'
- '(마)에 대한 설명으로 가장 적절한 것은?'

추론/비판/상상 질문-대답

열린 질문(추론/비판/상상)을 중심으로 진행하는 모둠대항 질문

게임은 지필평가에 다음과 같은 선다형-추론/비판/상상 확인 문제로

출제한다.

- '(가)에 대한 비판으로 가장 적절한 것은?'
- '(나)를 통해 추론할 수 있는 것으로 적절하지 않은 것은?'

그런데 사실 더 큰 문제가 있습니다. 정답을 선언하기 어려운 토론이나, 해설서나 자습서의 해석과 다른 특정한 해석으로 수업을 진행한 경우, 또는 정답을 특정할 수 없는 상상 수업을 진행한 경우 등에는 문제 출제에 어려움이 있을 수 있습니다. 그래서 제 나름대로 몇 가지 노하우를 말씀드릴게요.

〈진달래꽃〉을 배울 때, 시 해석을 두고 벌이는 토론 수업으로 진행한 적이 있습니다. 학생들에게는 1, 3, 4연 중 어느 연을 반어로 해석해야 하는지, 그 이유는 무엇이고 그렇다면 이 시는 어떻게 이해할 수 있는지로 토론을 진행했죠.

"선생님, 이거 시험에 나와요?"

"당연하지요."

"어떻게 나와요?"

"여러분이 토론한 A, B 입장 중에서 한 입장을 [보기]에 제

시할 거예요. 여러분은 [보기]에 제시된 입장에서 시를 해석하고, 질문에 답하면 됩니다. 그럼 시험 공부를 어떻게 해야 할까요?"

"…둘 다요…."

"그렇죠. A, B 두 입장을 모두 공부해야죠. 훌륭합니다. 만점을 기대합니다!(ㅆ)"

그리고 시험에는 [보기]에 '반어'의 어원과 뜻에 대한 해설을 싣고, '〈진달래꽃〉의 전문을 [보기]에 근거하여 해석할 경우, 바르지 않은 것은?'으로 물었습니다.

또 〈허생전〉으로 상상 토론 수업을 진행했을 때는 질문을 세분화한 모듈형 논술 문제로 출제했습니다. 예를 들면 "사라진 허생을 이완 대장이 찾아내어 영의정으로 천거했다. 당신은 이 소설의 등장인물 중 한 사람의 입장에서 찬반을 주장하되, 소설 안에서 근거를 찾아 주장하라"라는 가상의 상황을 전제로 토론 수업을 진행한 후, 시험에 이렇게 출제했죠.

1. 찬반의 입장을 정하고 등장인물 중 한 명을 정하여 쓰시오.(1점)

2. 자신의 주장에 근거가 될 문장을 찾아 정확히 옮겨 적으시오.(1점)

3. 자신이 인용한 문장의 상황과 맥락을 정확하게 설명하시오.(1점)

4. 인용한 문장을 근거로, 선택한 등장인물의 입장에서 자신의 논리를

서술하시오.(1점)

5. 자신의 논리를 자신이 생활 속에서 직접 겪은 상황을 근거로

증명하시오.(1점)

질문을 이해하고, 근거를 선정하고, 논리를 서술하여 완결된 한 편의 글을 쓰게 하는 수준 높은 시험 형식은 아니었지만, 이 수업을 통해 학생들이 익히기를 바랐던 최소한의 이해, 최소한의 근거, 최소한의 논리는 확인할 수 있는 시험 형식이었죠. 채점하기도 무난했습니다. 학생들도 수업 시간에 이미 했던 토론이나 발표에서 일부가 시험에 나오는 것이라 그리 어렵지 않게 문제를 해결했고요. 무엇보다 수업 시간에 몰입하며 진중하게 토론에 참여하고 논제를 해결하기 위해 도전했던 학생들이 자연스럽게 높은 평가를 받았습니다.

2부 수업 라이프

마음을 열고 감정을 두드리는 시·소설 수업 사례

김병섭·김윤형

01(울분)~04(첫사랑) 김병섭
05(견디는 마음)~06(사랑/연대) 김윤형

울분

수업 라이브

너무 화가 나서
눈물이 날 때,
나는 어떻게 해야
할까?

〈돌아와 보는 밤〉
윤동주

　　안녕하세요. '감정으로 시작하는 시 수업'입니다. 오늘 함께 공부할 감정은 '울분'입니다. 울분은 울음과 분노가 뒤섞여 있는 감정이에요. 그냥 섞여 있는 것이 아니라, 울음과 분노가 서로를 자극해서 더 격렬하게 폭발하는 감정이죠.

　　여러분 중에는 이미 이 감정을 겪어본 사람이 있을 거예요. 화가 나다가 갑자기 눈물이 쏟아질 때, 너무 슬퍼서 울다가 '대체 내가 왜 울어야 돼?' 하는 생각과 함께 갑자기 터질 듯이 화가 치밀어 올랐을 때, 그때 여러분이 느낀 감정이 울분이에요. 제가 먼저 살아보니, 이건 우리가 살면서 자주 겪는 감정은 아니지만 분명 몇 번은 꼭 겪게 되는 감정인 것 같더라고요.

이 감정을 안내해줄 시는 〈돌아와 보는 밤〉이에요. 윤동주라는 스물다섯 살 청년의 시죠. 자, 그럼 시 수업 시작하겠습니다.

돌아와 보는 밤

세상으로부터 돌아오듯이 이제 내 좁은 방에 돌아와 불을 끄옵니다. 불을 켜두는 것은 너무나 피로롭은 일이옵니다. 그것은 낮의 연장이옵기에—

이제 창을 열어 공기를 바꾸어 들여야 할 텐데 밖을 가만히 내다보아야 방 안과 같이 어두워 꼭 세상 같은데 비를 맞고 오든 길이 그대로 빗속에 젖어 있사옵니다.

하루의 울분을 씻을 바 없어 가만히 눈을 감으면 마음속으로 흐르는 소리, 이제 사상이 능금처럼 저절로 익어 가옵니다.

(1941년 6월)

시를 한 번 읽으면서, 기본적인 내용을 먼저 살펴보죠.

시 속의 나는 세상에 있다가 좁은 방으로 돌아왔대요. 그런데 불을 켜지 않았대요. 불을 켜는 것이 괴로워서요. 불을 켜는 것이 낮을 연장하는 것처럼 느껴졌다고 하네요.

그렇게 깜깜한 방 안에 있다가 답답해졌나 봐요. 일어나서 창문을 열어 공기를 바꾸려 했죠. 그런데 그때 나는 방 안이 어두운 것처럼 방 밖도 어둡다는 것을 깨닫죠. 그러니까, 방 안이 어두운 것처럼 세상도 어둡다는 것을 깨달은 것이죠. 그러다가 창문 너머로 보니 자신이 비를 맞고 걸어온 길이 여전히 빗속에 젖어 있다는 것까지 알게 되죠.

그랬더니 그 순간, 하루 동안 쌓여왔던 울분이 터져 나왔대요. 도무지 씻을 수 없을 것처럼 격렬하게 울분이 터져 나왔어요. 울다가 울다가, '대체 내가 왜 이렇게까지 울어야 돼?' 하는 생각과 함께 터질 듯이 화가 나고, 화가 나다가 나다가 갑자기 주저앉아 한참을 울게 되죠.

그렇게 한바탕 감정이 휩쓸고 지나간 후, 나는 조용히 눈을 감습니다. 그러자 마음속으로 흐르는 소리가 들렸대요. 그랬더니 사상이 빨간 사과처럼 익어간다고 하네요.

무슨 말인지 이해할 것도 같은데, 뭔가 명확하게 잡히지 않는 것도 있죠? 그럼 지금부터 깊고 넓게 이 시의 감정 속으로 들어가보죠.

2. 깊고 넓은 이해

시 속의 말하는 이는 세상에서 내 방으로 돌아왔어요. 그런데 무척 지쳐 있죠. 어두운 방에서 불을 켜는 것이 괴로울 만큼 지쳐 있죠.

여러분도 그런 적이 있을 거예요. 우리도 모두 세상에 나갔다가 내 방으로 돌아오죠. 낮에는 학교, 학원, 회사에 나가 윗사람, 동료, 친구나 지인을 만나고 밤에는 내 방으로 돌아오죠. 그중 어느 날은 낮 동안 내 안의 에너지가 모두 빠져나간 것 같은 날이 있었을 거예요. 에너지가 모두 없어져버린 것만 해도 힘든데, 낮 동안 온갖 상처까지 가득 받고 돌아온 날이 있죠. 그런 날에는 어두운 내 방에서 아무것도 하고 싶지 않죠.

일단 불을 켜고 싶지 않아요. 세상은 낮이고, 낮은 불이고, 불은 괴로움이니까요. 우리는 낮 동안 만나고, 살피고, 두려워하고, 걱정하고, 예측하고, 어긋나고, 기대하고, 실패하고, 주저하고, 헷갈려하고, 짜증을 내고, 짜증을 받고, 화를 내고, 화를 받고, 평가를 하고, 평가를 받다가 내 방으로 돌아오죠. 불을 켜면 이 낮이 다시 반복되는 것 같아요. 이 괴로움을 피해 내 방으로 돌아온 것인데, 다시 그 괴로움으로 돌아가고 싶지 않죠. 그래서 불을 켜지 않는 거죠. 그렇게 불을 켜지 않고 좀 쉬었어요. 그렇게 어둠 속에서 좀 쉴 수 있었어요. 그런데 진짜 문제는 이제부터 시작되었어요.

어두운 방에서 쉬다가, 시 속의 나는 좀 답답함을 느꼈나 봐요. 그래서 일어나 창문을 열려고 했죠. 답답하니까 방 안의 공기를 방 밖의 공기와 바꾸려 한 거예요. 그러니까 이 사람이 공기를 바꾸려 한다는 건 나름의 변화를 시도한 것이겠죠. 답답하니까, 지금 이 상태가 답답하니까, 조금이나마 변화를 주고 싶었던 것이죠. 다른 것은 안 돼도 공기를 바꾸는 것 정도는 할 수 있을 거라고 생각했죠. 이 정도 변화는 가능할 거라고 생각했죠. 그런데 이럴 수가, 문제가 생겼어요.

그것은 방 밖도, 방 안도, 모두 어둡다는 것을 깨달아버린 것이죠. 그러니까 나의 내부도 나의 외부와 다르지 않다는 것을 깨달아버린 것이죠. 심지어 더 알게 된 것은, 자신이 비를 맞으며 걸어온 길이 여전히 빗속에 그대로 젖어 있다는 것이었어요. 내가 과거에 걸어온 길이 현재에도 똑같다는 것이었어요. 나의 현재는 나의 과거와 전혀 다르지 않고, 여전히 똑같다는 것을 알아버린 것이었죠. 그러니까 이제까지 내가 쉴 수 있었던 것은 내가 도망쳤다고 생각했기 때문인데, 내가 세상으로부터, 방 밖으로부터, 나의 과거로부터 도망칠 수 있다고 생각했기 때문인데, 이런 젠장, 알고 보니 나는 전혀 도망치지 못했던 것이죠.

내가 방 안으로 도망칠 수 있었던 이유는 방 밖과 방 안이 다르다고 믿었기 때문이죠. 내가 살아온 과거와 내가 살고 있는 현재가 다르다고 믿었기 때문이죠. 방 밖은 폭력이 가득해도, 방 안은 평화롭다고 믿었기 때문이죠. 과거는 어쨌든 지나가고, 현재는 조금은 나아질 거라고 믿었기 때문이죠. 그런데 돌아보니, 전혀 그렇지 않았어요. 방 안도 어둡고, 방 밖도 어두웠어요. 나의 과거도 폭력이 가득했고, 나의 현재도 폭력이 가득했죠. 뭐 하나 바뀐 것이 하나도 없어요. 이 진실을 깨닫고 나자 마침내 나에게 울분이 터져버립니다.

울분은 아무리 애쓰고 노력해도 변화가 생기지 않을 때 터져 나오는 감정이에요. 내가 아무리 노력하고 노력해도 변화가 없을 때, 내가 아무리 애쓰고 애써도 변하지 않을 때, 다시 이를 악물고 주먹을 꽉 쥐고 큰 숨을 몰아쉬고 다시 한 번 최선을 다해 노력했는데도 결국 바라는 변화를 이루지 못했을 때 터져 나오는 감정이죠. 너무너무 슬프고, 너무너무 화가 나죠.

나는 하루 동안의 울분이라고 했지만, 아마도 나의 울분은 하루 동안에만 쌓인 건 아닐 거예요. 몇 번의 하루, 몇 달의 하루, 몇 년의 하루 동안 반복되었겠죠. 그렇게 오늘이 반복되는 동안 '내일은 나아지겠지. 분명 내일은 나아질 거야'라며 자신을 다독였을 거예요. 그렇게 자신을 겨우 다스리고 다스려서, 과거의 방 안에서 오늘의 방 안까지 왔을 거예요. 하지만 결국 변한 것은 없었죠. 그리고 어쩌면, 그냥 이대로라면 앞으로도 영원히 변하지 않을 거라는 데 생각이 미친 것이죠. 그 순간 울분이 터져 나온 것이죠. 한참을 그렇게 울분에 괴로웠을 거예요.

그렇게 울분이 온몸과 온 맘을 휩쓸고 있을 때, 나는 가만히 눈을 감아요. 도저히 어떻게 이 울분을 씻을 수가 없어서, 너무 괴로워서, 이 울분이 흘러가기를 기다렸죠. 그 격렬한 감정이 가만히 잦아들 때까지 기다렸죠. 그랬더니 다시 한 번 놀라운 일이 벌어졌어요. 시 속의 내가 의도한 것인지 아닌지는 알 수 없지만, 분명 놀라운 일이 벌어졌어요. 내가 마음속으로 흐르는 소리를 들었다는 것이죠.

나는 울분을 흘려보내고 고요해진 마음 안에서, '내 안의 소리'를 들었어요. 그 소리를 듣고 나는 마침내 사상을 완성했다고 해요. 이 말로 짐작해본다면, 내가 들은 마음의 소리는 아마도 이런 질문에 대한 답이었을 거예요.

'내가 정말로 원하는 것이 뭐지?'

'내가 정말로 잘하는 것이 뭐지?'

'내가 정말로 아는 것이 뭐지?'

사상이란 체계적이고 정밀한 생각의 조직이에요. 단순한 하나의 생각, 단순한 한 가지 깨달음이 아니라, 정밀한 생각들이 정밀한 체계를 이루는 복잡한 생각의 조직을 말해요. 생각을 하고, 그 생각에 대한 생각을 하고, 또 그 생각에 대한 생각을 해서, 거대한 생각의 집을 짓고, 생각의 길을 짓고, 생각의 건물을 지어서, 거대한 생각의 도시를 만드는 것이죠.

시 속의 나는, 울분이 흘러간 후에 마음속으로 흐르는 소리를 들었더니 이 사상이 저절로 성숙했다고 말하죠. 그러니까 나의 사상은 나의 마음의 소리로부터 만들어진 것이죠. 그렇다면 그건 나에 대한 질문을 반드시 포함했을 거예요. 내가 정말 무엇을 원하는지, 무엇을 잘하는지, 무엇을 알고 있는지 하는 질문이죠. 이 질문은 정확히, 내가 정말 무엇을 원하지 않고, 무엇을 잘하지 못하고, 무엇을 모르는지 묻는 질문과 같죠. 이 질문과 이 질문에 대한 답이 거대한 생각의 기둥이 되어주었을 거예요.

3. 공감, 추론, 비판, 상상

지금부터는 이 시에 대한 여러분의 생각을 나눠보고 싶어요. 이 시가 전하는 상황과 감정과 메시지를, 이 시를 바탕으로 해서 개인적으로, 역사적으로, 사회적으로 더 깊고 넓게 추론해볼 수 있죠. 그렇게 도착한 결론이 있을 거예요. 그 결론에 공감할 수도 있어요. 그런 상황이면 그런 감정이 느껴질 수 있겠다, 그러면 그런 메시지를 전할 수 있겠다 하고 공감할 수도 있죠.

하지만 무조건 공감할 이유는 없어요. 어떤 상황인지도 알겠고, 어떤 감정인지도 알겠고, 어떤 메시지를 전히려는 것인지도 알겠는데, 난 공감하지 못하겠다, 오히려 이런 부분은 비판할 만하다는 생각이 들면, 그렇게 말하면 돼요.

그러니까 지식이란 대답의 나열이 아니에요. 지식이란 질문과 대답의 연쇄예요. 먼저 정확하게 묻고, 정확하게 답하려고 애써야 해요. 그런 후에야 우리는 누군가를 공감하거나 비판할 자격을 얻는 거예요. 내가 먼저 당신을 정확하게 이해하려 애쓴 후에야, 내가 당신을 사랑할 자격을 얻듯이 말이죠. 여러분과 함께 나눌 질문은 다음과 같아요.

1. 내가 방에 돌아와 불을 끈 이유는? 당신은 방에 불을 끄고 멍하니

   혼자 있었던 적이 있었는가? 그 이유는?

2. 내가 낮을 싫어하는 이유는? 당신은 낮을 싫어한 때가 있었는가?

   그 이유는?

3. 나는 공기를 바꾸는 데 성공했을까? 당신은 공기를 바꾸는 데

   성공한 적이 있는가? 실패했는가? 그 이유는?

4. 내가 울분을 느끼게 된 원인은? 당신은 울분을 느낀 적이 있는가?

   그 이유는?

5. 나의 사상이 성숙하게 된 방법은? 당신은 자신이 성숙했다고 느낀

   순간이 있는가? 당신이 성숙한 방법은?

6. 나의 사상이 성숙하게 된 이후 나에게 일어나는 변화는 무엇일까?

   당신의 철학이 성숙하게 된 이후 당신에게 어떠한 변화가

   일어났는가?

학생 이야기

1. 질문 2개 선택해서 댓글 쓰기

• 학생 여러분은 이 중에서 마음에 드는 질문을 2개 골라주세요.

   각각의 질문에 대한 답을 문학 네이버 밴드 게시판에 비밀댓글로

   써주세요. 대답은 각각 최소 3줄 이상 쓰세요.

2. 노래 추천

• 시 속의 나에게 들려주고 싶은 노래를 추천해주세요. 추천하는
노래의 링크를 비밀댓글의 마지막 줄에 붙여넣기 해주세요.

학생 여러분이 써준 비밀댓글은 제가 전부 다 읽을 거예요. 그리고
모든 글에 답글을 쓸 거예요. 여러분의 상황과 여러분의 감정과
여러분의 메시지를 최대한 정확하게, 최대한 섬세하게, 최대한 정성을
다해 읽을게요. 여러분의 이야기를 들려주세요.
그리고 여러분이 추천해준 노래는 다음 수행평가 시간에 모두
함께 들을 거예요. 그 곡들 중 어떤 곡은 분명, 우리 중에 오늘도
'울분'이라는 감정 때문에 괴로워하고 있을 누군가에게, 혹은 언젠가
'울분'이라는 감정 때문에 아파하고 있을 누군가에게 분명 도움이 될
거예요.

먼저 교사인 저부터 질문 세 가지를 선택해서 제 감정에 대
해 이야기해보겠습니다. 제가 처음 선택한 질문은 3번입니다.
"나는 공기를 바꾸는 데 성공했을까? 당신은 공기를 바꾸
는 데 성공한 적이 있는가? 실패했는가? 그 이유는?"
이런 질문인데요. 이 시에서 '나'는 공기를 바꾸는 데 실패
했죠. 저도 그런 적이 있었습니다. 제가 마흔 살이 되던 해였어

요. 그해 겨울에 아버지가 돌아가셨습니다. 어느 날 아버지에게서 전화가 와서, 일이 좀 생겼다고, 좀 와달라고 하셔서 갔었어요. 근데 아버지를 보자마자 심각하다는 걸 바로 느꼈죠. 왜냐하면 제가 아버지를 딱 만났는데, 고작 한 달 만에 만난 것인데, 아버지 눈의 흰자가 정말 진한 노란색이었거든요. 저도 보면서, '사람 눈이 어떻게 저렇게 노랄 수가 있지?' 했었죠.

알고 봤더니 급성 간경화였어요. 간이 급속하게 딱딱하게 굳어지는 병이라고 하더군요. 놀랄 만한 일이긴 한데, 저는 그리 놀라지는 않았어요. 제가 아주 어릴 때부터 늘 술을 손에서 떼지 않고 살아오신 분이라, 올 것이 왔구나 싶었던 것이죠. 그런 와중에 제가 머릿속에 예상했던 것은 이 한마디였어요. "3개월 남았습니다." 대개 드라마에서 큰 병을 얻는 사람들이 의사에게 듣는 말이 이것이었으니까요. 마침 의사 선생님이 저를 부르셨어요. 보호자 면담을 해야 한다고 했고, 저는 마음의 준비를 했죠. 그런데 여기부터 저의 예상이 어긋나기 시작했어요.

"3주 남았습니다." 담당 의사 선생님께서 저를 자리에 앉히자마자 하시는 말씀이었어요. 당황했죠. 그래서 제가 잘못 들은 줄 알았어요. 하지만 정말 3주 후에 아버지는 돌아가셨죠. 근데 이 일이 끝이 아니었어요.

아버지 장례를 치르는 중에 저를 많이 도와주셨던 이모부님이 한 달 후에 돌아가셨어요. 키가 180이 넘고, 몸무게도 100킬로그램이 넘는 건장한 체격에 이제 육십이 넘으신 건강한 분이었어요. 평소 등산을 좋아하셨는데, 그날 동호회에서 등산을 마치고 버스에 오르면서 제 사촌동생들한테 메시지도 보내셨대요. "아들, 딸, 오늘 끝나고 맥주 한잔 하자"라고요. 그리고 맨 앞자리에서 고개를 숙이고 가만히 앉아 계셨대요. 다른 동호회 사람들은 그분이 피곤하셔서 주무시는 줄 알았죠. 근데 차가 이제 출발하려고 움직이는 순간에 이모부님의 몸이 그대로 앞으로 고꾸라진 거예요. 알고 봤더니 이미 의식이 없는 상태였고, 동호회 분들이 나서서 심폐소생술을 했지만 결국 돌아가셨죠.

두 분의 죽음을 겪으면서 저에게 굉장히 힘든 시기가 왔어요. 사람이 어느 곳에서든, 어느 때에든 죽을 수 있다는 거, 모르지 않았어요. 오늘 아침에 "학교 다녀오겠습니다" "어, 잘 다녀와"라고 말했는데, 그날 저녁에 싸늘한 주검으로 발견될 수 있다는 거, 그걸 모르지는 않았어요. 그게 누가 꼭 무슨 대단한 잘못을 해서 그런 것도 아니고, 인생이라는 게 원래 그런 거라는 거, 그냥 어느 날 그렇게 헤어질 수 있다는 거, 알고 있었어요. 그런데 그때 두 분의 죽음을 경험하면서, 그게, 그러니까 '죽음'이라는 것이 제 몸을 확 덮쳐왔어요.

　너무 확 덮쳐와서, 그런 생각이 들더라고요. '아, 사람 언제 죽을지 모르겠구나. 그럼 잘 살아야겠네. 그런데, 잘 사는 게 뭐지? 어떻게 살아야 잘 사는 거지? 후회 없이 살려면 무엇을 먼저 하며 살아야 할까?' 근데 뭐가 잘 사는 것인지 모르겠더라고요. 예전에는 그게 꽤 분명했는데, 이제 너무 헷갈리더라고요. 그게 그렇게 힘들더라고요.

　사십춘기가 그렇게 시작되었죠. 저는 마흔 살이 되어서야 사춘기라는 것이 제대로 시작된 것이죠. 돌아보면 저는 사실 10대 때, 그러니까 지금 여러분 나이 때에 사춘기라는 것을 겪어본 적이 없었어요. 그냥 부모님이, 선생님이, 어른들이 하라는 대로 살았어요. 공부하라고 해서 했고, 대학 가라고 해서 갔고, 시험 보라고 해서 봤고, 취업하라고 해서 했고요, 연애하라고 해서 했고, 결혼하라고 해서 했고, 아이도 낳고 키우고, 그렇게 다 했죠. 물론 누가 나한테 강제로 시켜서 억지로 한 건 아니었어요. 그건 분명해요. 하지만 그것들이 정말 내가 원하는 것이었는지도 분명하지 않더라고요. 이런 생각이 떠나질 않았어요. '이게 정말 내가 원한 거였나? 그러니까, 언제 죽을지 모르니까, 정말 내가 하고 싶은 것을 하고 싶은데, 이게 정말 내가 원하는 게 맞나?'

헷갈리더라고요. 그게 너무 괴로웠어요. 그리고 그때 알았어요. '아, 사람들이 이래서 정신을 놓는 거구나.' 사람이 가장 괴로울 때는 뭔가가 명확하게 힘들거나 괴롭거나 슬픈 게 아니더군요. 정말 사람이 괴로울 때는 헷갈릴 때, 무엇을 하고 싶은지 안 하고 싶은지 헷갈릴 때, 무엇이 옳은지 그른지 헷갈릴 때, 그때가 가장 괴롭구나, 하는 걸 그때서야 알게 됐어요. 불교에서 말하는 여덟 개의 지옥 중 가장 밑바닥에 있는 것이 '무간지옥'이라고 하더군요. 공간의 구별이 어렵고, 시간의 구별이 어렵고, 나와 남의 구별이 어렵고, 경계의 구별이 어려워서, 끊임없이 혼돈이 지속되는 지옥이 무간지옥이라는데, 그곳이 왜 지옥인지 그때에야 겨우 짐작했죠. 이제까지 너무도 확실하게, 너무도 단단하게, 내가 원하는 것은 이것이라고 믿었던 것들이 통째로 흔들리니까 정말 힘들더라고요.

아내에 대해서도 그런 생각이 들더라고요. '내가 왜 이 사람이랑 계속 같이 살아야 하는 거지?' 잘 모르겠더라고요. 세상에 사람이 이렇게 많은데, 내가 이 사람이랑 왜 평생을 살아야 하는지 모르겠더라고요. 아이들에 대해서도 그랬어요. 저는 딸과 아들이 한 명씩 있는데, 이 아이들을 너무너무 사랑하긴 하지만, 내가 평생을 이 아이들을 위해 사는 건 아니잖아요. 내가 왜 굳이 그래야 해요? 언젠가 내 딸과 아들은 독립해야 하잖아요. 나와 헤어져야 하는 거잖아요. 아이들이 독립한 이후에도 나는 계속 살아가야 하잖아요. 교사라는 직업도 그렇죠. 내가 교사를 계속 해야 하나요? 나라는 사람의 인생에는 교사의 삶 말고 다른 건 없는 건가요? 왜요? 이런 생각이 이어지다 보니까, 자연스럽게 삶에 대한 생각에까지 이르더라고요. '난 왜 안 죽고 살아 있지?'

가능한 한 어두운 곳에, 가능한 한 혼자 있었어요. 어두운 방에 혼자 있었죠. 하루 중에 혼자 있을 수 있는 시간을 최대한 마련해서, 혼자 있었죠. 짧더라도 여행을 계획해서 혼자 다녔어요. 생계에 위협이 되지 않는 한에서 휴가를 받아 혼자 지냈고요. 제 아내가 많이 힘들었을 시절이죠. 제 아이들도 원망이 있었을 수 있고요. 제 나름대로는 공기를 바꾸어보려는 시도들이었죠. 내내 실패했던 거 같아요. 하지만 나중에는 다행히 성공하게 되었어요. 그래서 지금 여러분 앞에 있게 된 것이고요. 그 이야기는 다음 기회에 해보도록 하겠습니다.

제가 두 번째로 선택한 질문은 4번입니다.
"당신은 울분을 느낀 적이 있는가? 그 이유는?"
'울분'이라는 말을 들으면 저에게 가장 선명하게 떠오르는 장면이 고등학교 2학년 때의 어느 날 새벽이에요. 저는 어렸을 때 교통이 불편한 학교에 다녔어요. 버스를 두 번 갈아타야 하는데, 제때 갈아타도 꼬박 50분이 넘게 걸리는 학교였죠. 그래서 6시 20분에는 일어나 후다닥 준비를 해서 6시 40분에는 버스를 타야 겨우 학교에 지각하지 않을 수 있었어요. 그런데 저에게 최악의 조건이 두 가지 있었어요. 그때 집안 형편이 어려워서 제가 혼자 일어나 학교를 가야 했다는 것과, 안타깝게도 제가 아침잠이 너무 많다는 것이었어요. 당연히 지각을 많이 했죠. 제 나름대로는 지각을 안 하려고 참 애를 써보았는데, 아무리 노력해도 그게 잘 안 되더라고요.

도저히 정말 더는 지각을 안 하고 싶어서, 엄마에게 부탁해서 알람 시계를 두 개 샀어요. 때르르르르르릉 하는 날카롭고 커다란 금속성 종소리가 나는 시계였죠. 그 시계 두 개를 자기 전에 알람 맞춰놓고, 새벽에 일어나 하나씩 끄고, 세수를 하고, 교복을 입고, 가방을 챙겨서, 이제 나가야지 하다가, 나가기 전에 잠깐만 앉아 있자 그랬는데, 어느 순간 눈을 딱 떠보니까 시계가 이미 6시 40분인 거예요. 6시 40분에 버스를 타야 하는데, 이미 6시 40분이었던 거예요.

그 순간, '아무리 노력해도 난 안 되나?' 이런 생각이 머릿속에 떠오른 순간, 정수리부터 등골까지 전기가 쫙 뻗치면서 너무너무 화가 나는 거예요. 너무너무 화가 나서, 제가 그때 제

손으로 제 뺨을 한 대 빡 때렸어요. 그걸로도 도저히 화가 안 풀려서 다시 빡, 빡, 빡, 세 번 때렸어요, 제가 제 뺨을. 너무 화가 나서 그렇게 때리고 났더니, 나중에는 막 눈물이 나더라고요. 그래서 막 울었어요. 울다가 또 화가 나고, 제가 막 제 자신에게 쌍욕을 하다가 다시 울었죠. '울분'이라는 낱말을 들으면 그때가 생각이 나요.

제가 마지막으로 선택한 질문은 5번입니다.

"나의 사상이 성숙하게 된 방법은? 당신은 자신이 성숙했다고 느낀 순간이 있는가? 당신이 성숙한 방법은?"

시 속의 '내'가 자신의 사상을 성숙시킬 수 있었던 것은 마음의 소리를 들었기 때문이죠. 내가 나에게 답해야 할 질문, 나 이외에는 누구도 답해줄 수 없는 질문, '내가 정말 원하는 게 뭐지?' '내가 잘하는 게 뭐지?' '내가 아는 게 뭐지?' 이 중에서도 결국 가장 중요한 질문은 이것이죠. '내가 정말 원하는 것이 뭐지?'

근데 우리가 좀 착각하는 게 있어요. 여러분, 저도 그랬지만 우리가 많이 착각하는 것 중에 하나가 뭐냐면, '내가 정말 하고 싶은 게 뭐지?'에 대한 답을 내릴 때, 보통 우리는 자기 혼자 답을 내리려고 한다는 거예요. 아, 내가 정말 하고 싶은 건

이거구나, 나 혼자 생각해보고, 나 혼자 결론을 내리죠. 틀렸어요, 그러면 안 돼요.

내가 정말 하고 싶은 것은 어떻게 결론을 내려야 하냐면, 주변 사람들한테 물어봐야 해요. 나에게 애정을 갖고 나를 오랜 시간 지켜본 사람들에게 물어봐야 해요. 그러면 그 사람들이 이렇게 얘기할 때가 있어요.

"야, 너 그거 좋아하잖아. 너 그거 진짜 좋아하잖아. 너 그거에 미쳐 있잖아. 물어보긴 뭘 물어봐."

그런 말을 들을 정도가 돼야 내가 정말 좋아하는 거예요. 그런 말을 최소한 한두 사람에게 들을 정도는 되어야 진짜 내가 좋아하는 거예요. 내가 그냥 마음속으로 '아, 나는 이 텀블러 좋아해. 음, 앞으로 이 텀블러를 갖고 다녀야지' 하는 정도 가지고는 안 돼요. 내가 정말 이 텀블러를 좋아한다고 말하려면 적어도 이렇게 해야 해요.

텀블러를 맨날 들고 다녀요. 맨날 들고 다니면서, 커피를 담아 먹고 주스를 담아 먹고, 아침에도 먹고 저녁에도 먹고, 겨울에도 먹고 여름에도 먹고, 내가 가는 곳에는 늘 이 텀블러를 잊지 않고 들고 다녀요. 그래서 누가 이 텀블러를 들고 다니지 않는 나를 보면, "야, 너 그 텀블러 어디 갔어? 너 맨날 들고 다니는 거 있잖아"라고 말할 정도는 돼야 해요. 그 정도는 되어야 내가 좋아하는 거예요. 내가 정말 원하는 것이고요.

그 정도가 아니라면, 그건 아직 좋아하는 건 아니에요. 알아보는 단계인 거죠. 이 텀블러가 나에게 어울리는지, 텀블러로 살아가는 일상이 나에게 잘 맞는지 안 맞는지 알아보는 기간인 거죠. 알아보는 건 전혀 나쁜 게 아니에요. 충분히 알아봐야 정말 내가 원하는지 알 수 있죠. 충분히 시도해봐야 내가 정말 원하는 것인지 알 수 있는 것이고요.

그래서 저는 알아보는 것은 최소한 3개월은 해야 한다고 생각해요. 대략 100일의 시간 동안 열심히 친해져보는 거죠. 그렇게 하다 보면 어느 순간, 100일이 지나도 더 내 마음에 들고, 더 내 몸에 붙고, 더 나에게 자연스럽게 느껴지는 것이 있거든요. 그런 것들을 하나씩 내 곁에 두면서, 하나씩 늘려가는 것이죠. 그게 저는 제 마음을 듣는 과정이라고 생각해요.

성숙이란 먼저, 내가 나를 잘 이해하는 거예요. 내가 정말 원하는 것이 무엇인지, 내가 무엇을 잘하는지, 내가 정말 아는 게 무엇인지 이해하는 것이죠. 그래서 내가 어떤 상황에 있고, 어떤 감정에 있는지 이해하는 것이고요. 그렇게 성숙하게 되면 그때 진짜 독립을 할 수 있어요. 더 많은 시도와 실천을 할 수 있고, 그렇게 더 성장할 수 있죠. 내가 좋아하는 것들을 더 많이 이해하고, 더 많이 내 곁에 둘 수 있는 것. 저는 그게 진짜 어른이 되어가는 것이라고 생각해요.

저도 그렇습니다. 제가 좋아하는 옷이 있고, 제가 좋아하는 헤어스타일이 있고, 제가 좋아하는 안경이 있고, 제가 좋아하는 텀블러가 있고, 제가 좋아하는 운동이 있고, 제가 좋아하는 공부가 있어요. 그런 것들을 살면서 하나하나 찾아온 거 같아요. 특히나 아까 말씀드렸던 그 마흔 살, 힘들었던 사십춘기 이후에 더욱, 제가 원하는 것들을 더 또렷하게 결론 지으면서 살아온 것 같습니다.

4. 표현법과 배경지식

마지막 4단계입니다. 〈돌아와 보는 밤〉에 활용된 표현법을 살펴보면서, 마지막으로 이 시의 내용을 정리해보겠습니다.

먼저 이 시에는 직유법이 쓰였어요. 직유법이란 직접 비유하는 것을 말해요. 대개 '~처럼, ~같이, ~듯이'라는 말을 이용해 비유하는 것이죠. 이 시에서는 '세상으로부터 돌아오듯이'라는 말이 있어요.

두 번째, 이 시에는 은유법이 쓰였어요. 은유는 은근하게 비유하는 거예요. 구조적으로는 'A는 B다'의 형식으로 되어 있죠. 우리는 살면서 은유를 굉장히 많이 써요. 이 시에서는 '불을 켜두는 것'이 '낮의 연장'이라고 했어요. 이것은 은유죠. 그 뜻을 살펴보면, '낮'이란 공동체와 함께하는 시간, 타인과 함께하는 시간이고, 그곳은 '방 밖'의 공간이죠.

세 번째, 상징이 있어요. 상징이란 구체적인 설명 없이 어떤 사물이나 대상을 통해 추상적인 개념, 감정, 사상 등을 암시적으로 표현하는 것을 말해요. 이 시에서 '비를 맞고 오던 길이 빗속에 그대로 젖어 있다'는 문장은 변화가 없는 자신의 삶을 상징하는 것이라고 할 수 있죠.

마지막으로 시인에 대해서 잠깐 이야기하고 마무리하겠습니다. 이 시의 시인은 윤동주라는 분인데요, 1917년생이고요, 10대 시절이던 1920년대부터 스물일곱 살 나이에 살해당한 1944년까지 시를 썼던 분이에요. 윤동주 시인의 삶을 통해서 이 시를 읽어보면 다음과 같이 이해할 수 있죠.

윤동주라는 청년에게 낮과 불의 공간, 괴로웠던 방 밖의 공간은 일제강점기의 세상으로 볼 수 있죠. 일제강점기는 너무나 폭력에 가득 차 있었으니까요. 그래서 개인의 공간, 내 방 안에서는 마음이 편할 수 있었는데, 어느 날 깨닫게 된 거죠. 내가 방 안으로 도망쳐 왔다고 생각했는데, 이런 젠장, 다를 게 없네, 오늘을 견디고 나면 내일은 좀 뭔가 변할 줄 알았는데, 변한 게 없네. 그걸 깨닫고 나서 울분이 차올랐던 것이죠. 그러다가 어느 날 마음의 소리를 들었어요. 내가 정말 원하는 게 뭘까, 내가 정말 하고 싶은 게 뭘까, 내가 정말 잘하는 게 뭘까. 그렇게 하나씩 답을 내립니다. 그 질문과 대답이 쌓이고 모여서 정리되더니 사상에까지 이르게 된 것이죠. 내가 원하는 건 이런 거구나, 내가 잘하는 건 이런 것이구나, 앞으로 내가 알고 싶은 건 이런 것이구나.

윤동주는 결국 독립적으로 실천하고 성장하려는 사람이 됩니다. 세상의 폭력을 줄이는 실천을 시작한 것이죠. 일제강점기에 폭력을 줄이고 싶다면 어떤 실천을 해야 할까요? 그렇죠, 윤동주 시인은 결국 독립운동에 나서게 됩니다.

그러니까 이 시는 단단하게, 영웅처럼, 강철 같은 의지를 드러내는 그런 시가 아니에요. 무언가를 결정하기 전에 고민하고 괴로워하고 아파하고 울분에 차 있는 사람의 시죠. 뭘 하고 싶은지 몰라서, 뭘 해야 할지 몰라서, 아니 뭘 하고 싶고 뭘 해야 할지도 알겠는데 너무 무서워서, 너무 무섭고 괴로워서, 다시 그게 내가 정말 원하는 건지도 잘 모르겠고, 굳이 내가 해야 할 일인지도 잘 모르겠어서, 그래서 더 괴로운 마음을 들여다본 시거든요. 저는 그래서 이 시가 더욱 마음에 듭니다. 여러분에게도 좀 더 다가갈 수 있는 그런 시였으면 합니다.

위로

나를 가장 먼저
위로할 수 있는 사람은
누구일까?

〈쉽게 씌어진 시〉
윤동주

 안녕하세요. '감정으로 시작하는 시 수업'입니다. 오늘 함께 공부할 감정은 '위로'입니다. 위로, 참 쉬워 보이는데, 참 어려운 감정이죠.

이 수업을 통해 우리가 함께 해결하고 싶은 질문은 '나를 가장 먼저 위로할 수 있는 사람은 누구일까?'인데요, 정답을 미리 공개하겠습니다. 그것은 '나'입니다. 나를 가장 먼저 위로할 수 있는 사람은 바로 나죠. 그 상황에서, 그들 사이에서, 내가 어떤 감정을 느끼고 어떤 경험을 지나왔는지 가장 분명하게 알고 있는 사람은 오직 나죠. 그래서 내가 먼저 나를 위로하지 못하면 다른 어떤 이의 위로도 내게 전해지지 않습니다. 내가 아직 나를 위로하지 못했는데, 내가 아직 나의 상황과 생각과 감정을 이해하지 못했는데, 누군가 어설프게 나를 위로

하려고 하면 당장 이런 말이 울컥하며 튀어나와요.

"네가 나에 대해서 뭘 알아?"

여기, 태어나 처음으로 자신을 위로한 사람이 있어요. 25년을 살아오는 동안 단 한 번도 자신을 용서하지 못하다가, 태어나 처음으로 자신을 안아준 사람이에요. 우리에게 '위로'를 안내해줄 시는 〈쉽게 씌어진 시〉예요. 윤동주 시인이 살면서 마지막으로 쓴 시죠. 그럼 시 수업, 시작하겠습니다.

쉽게 씌어진 시

창밖에 밤비가 속살거려
육첩방은 남의 나라,

시인이란 슬픈 천명인 줄 알면서도
한 줄 시를 적어 볼까,

땀내와 사랑내 포근히 품긴
보내 주신 학비 봉투를 받아

대학 노트를 끼고

늙은 교수의 강의 들으러 간다.

생각해 보면 어린 때 동무를
하나, 둘, 죄다 잃어버리고

나는 무얼 바라
나는 다만, 홀로 침전하는 것일까?

인생은 살기 어렵다는데
시가 이렇게 쉽게 씌어지는 것은
부끄러운 일이다.

육첩방은 남의 나라
창밖에 밤비가 속살거리는데,

등불을 밝혀 어둠을 조금 내몰고,
시대처럼 올 아침을 기다리는 최후의 나,

나는 나에게 작은 손을 내밀어
눈물과 위안으로 잡는 최초의 악수.

(1942년 6월)

I. 기본 내용 파악

시를 한 번 읽으면서, 기본적인 내용을 먼저 살펴보죠.

비가 오는 밤입니다. 나는 남의 나라, 혹은 남의 나라처럼 느껴지는 곳에 있어요. 일본식 방인데, 넓이가 육 첩이라고 하네요. '첩'은 다다미를 뜻해요. 다다미는 일본에서 집을 지을 때 바닥에 깔던 재료예요. 볏짚과 돗자리를 엮어서 만들었어요. 일본은 습도가 높은 나라여서, 공기가 잘 통하는 다다미가 많이 쓰였어요. 이 다다미는 직사각형으로 만들었는데 하나가 대략 0.5평 정도예요. 그래서 육첩방은 다다미 여섯 개가 들어가는 방이니까 넓이가 대략 3평 정도, 그러니까 10제곱미터가 조금 안 되는 방을 말하죠. 이 정도면 가로 3미터, 세로 3미터가량의 원룸 정도 크기라 할 수 있어요. 정리하자면 비 내리는 밤, 남의 나라처럼 느껴지는 일본식 원룸에 화자가 있는데, 이제부터 뭘 하려고 하나 봐요.

시인이란 슬픈 운명인 줄 알면서도 시를 한 줄 적어보겠다고 하네요. 부모님의 노동과 사랑이 포근히 담긴 학비 봉투를 받아 대학을 다니고 있지만, 자신이 대학에서 고작 하는 일이란 늙은 교수에게 강의를 듣는 것뿐이라고 해요. 생각해보니 어린 시절 친구들을 모두 잃어버리고, 자기 혼자 침전하고 있다고 하고요. 사람들은 인생이 살기 어렵다고 말하는데, 시가 이렇게 쉽게 써지는 건 부끄러운 일이라고 느낍니다.

남의 나라 같은 육첩방에서 창밖에 밤비가 속살거리는 것을 보다가 상상합니다. 등불을 밝혀 어둠을 조금 내몰고, 시대처럼 올 아침을 기다리는 최후의 나를 말이죠. 그리고 나에게 작은 손을 내밀어 눈물과 위안으로 잡는 최초의 악수를 한다고 해요.

이 시도 뭔가 어렵지 않고 쉬운 것 같으면서도, 정확히 무슨 뜻인지 좀 어려운 부분이 있죠. 윤동주 시의 매력이에요. 이제부터 함께 살펴보겠습니다.

2. 깊고 넓은 이해

시의 첫 구절은 '창밖에 밤비가 속살거려 육첩방은 남의 나라'로 시작합니다. 나중에 비슷한 구절이 다시 나오는데, 그때는 순서가 바뀌어 '육첩방은 남의 나라, 창밖에 밤비가 속살거리는데'라고 하죠. 이 부분이 참 재밌습니다.

먼저 주목할 점은, 창문을 기준으로 '방 밖'에서 '방 안'으로 시선이 이동했다는 거예요. 마치 영화를 촬영할 때 카메라가

비 내리는 방 밖의 모습을 보여주다가 스윽, 방 안으로 들어와 나의 모습을 비추는 느낌이죠. 나는 방 밖 세상이 아니라 방 안, 자기 내면의 이야기를 시작하려는 것 같아요. 어두운 밤에 비까지 내려서 방 밖의 세상과는 완전히 남이 된 것처럼 멀리 떨어져서 나의 이야기를 편하게 할 수 있게 되었나 봐요. 나는 나의 마음 안에서 어떤 이야기를 발견했을까요?

나에게 시인이란 슬픈 천명, 즉 하늘이 내린 슬픈 운명을 가진 사람입니다. 왜 시인은 슬플까요? 먼저 시인은 기록하는 사람이기 때문일 거예요. 기록이란 기억하는 일이니까요. 나에게 기억이란 대개 슬픈 일이었나 봐요. 그러면 이 사람이 기억하는 슬픈 이야기는 무엇일까요?

나는 땀 냄새와 사랑 냄새가 나는, 포근함이 담긴 학비 봉투를 받았다고 해요. 사실 이건 과장이죠. 부모님이 나를 깊이 사랑하고, 열심히 일해서 학비를 보내줄 수 있어요. 하지만 봉투에서 부모님의 땀 냄새와 사랑 냄새가 날 수는 없죠.

당시에는 당연히 지금 같은 온라인 이체가 없었어요. 돈을 보낼 때는 우편환 제도를 이용했어요. 예를 들어, 조선에서 한일은행 서울지점에 100만 원을 입금하고 확인서를 받아요. 그리고 이 확인서를 일본에 있는 아들에게 보내 한일은행 도쿄지점에서 그 돈을 받을 수 있도록 하는 것이죠. 당시는 우편을 보내면 하루이틀 만에 배달해주는 시대가 아니었어요. 그 것도 조선에서 일본으로 우편을 보내는 경우에는 아무리 빨 라도 3일에서 보통 7일 정도 걸렸다고 해요. 그러니까 이 봉 투 안에서 땀 냄새와 사랑 냄새가 날 리가 없죠.

그러니까 이건 그야말로 나의 상상인 거예요. 그만큼 나는 이 돈이 얼마나 우리 부모님이 애써서 만든 것인지, 얼마나 귀 한 노동으로 마련한 것인지, 부모님이 얼마나 나를 사랑하시 는지 알고 있다는 것을 보여주죠. 그런데 문제가 있어요. 이 귀한 돈으로 나는 그만큼 훌륭한 공부를 해야 하는데 그러지 못하고 있다는 것이죠.

부모님의 노동과 사랑으로 보내주신 돈으로 내가 정말 멋 진 공부, 내가 성장하고 성숙하고 내 실력이 늘어나며 세상의 변화를 이끌어낼 수 있는 공부를 하고 있으면 좋겠는데, 그러 지를 못하고 있는 거죠. 내가 대학에 와서 하고 있는 공부란 겨우, 늙은 교수의 강의를 듣는 것일 뿐이에요. 그러니까 내가 듣는 강의는 늙은 지식인 거예요. 늙은 지식이어서, 젊은 청년 처럼 힘 있게 강력하게 현실에 영향을 미치지 못하고, 늙은 노 인처럼 힘 없이 쇠약하게 현실을 전혀 변화시키지 못하고 있 는 것이죠.

게다가 생각해보니 나는 어릴 때 동무들을 하나, 둘, 죄다 잃어버렸대요. 어떤 상황인지 더 설명하지는 않았지만, 가만히 들여다보면 나는 친구들과 멀리 떨어졌다는 정도가 아니라, 어쩌면 친구들이 하나, 둘, 죄다 죽은 것이 아닐까 하는 상상도 하게 되죠. 그렇게 나는 혼자가 되었어요. 그리고 지금 홀로 침전하고 있고요. 여기에서 '침전'이란 말이 정말 중요해요.

침전이란 가라앉는다는 뜻이에요. 그러니까 나는 혼자 가라앉고 있는 거예요. 그런데 이것을 그냥 내가 가라앉는다, 우울해하고 있다, 외로워하고 있다, 이렇게 말하지 않고 굳이 '침전'이라는 낱말을 고른 이유가 뭘까요? 침전은 분명히 '가라앉다'라는 뜻이긴 하지만, 다른 한편으로 '맑아지다'라는 의미가 있거든요.

침전은 액체 속에 있는 물질이 밑바닥에 가라앉는 현상을 말하죠. 예를 들면, 흙탕물을 한 컵 떠서 가만히 놓고 하루, 이틀, 열흘을 내버려두면 그 뿌옇던 흙탕물의 흙과 먼지들이 서서히 가라앉아요. 그렇게 불순물이 모두 가라앉고 나면 그 위에 깨끗한 물이 남죠. 그래서 '침전하다'라는 말은 '가라앉다'라는 뜻이기도 하면서 동시에 '맑아지다'라는 뜻이기도 한 거예요.

그러니까 시 속의 나는 가라앉으면서 동시에 맑아지고 있는 거예요. 맑아지면 어떻게 될까요? 내가 나를 투명하게 볼 수 있죠. 그럼 뭘 알 수 있을까요? 이런 걸 알 수 있죠.

'내가 정말 원하는 게 뭐지?'

'내가 정말 잘하는 게 뭐지?'

'내가 정말 아는 게 뭐지?'

우리 안에는 하루에도 온갖 부러움과 원망과 시기와 질투가 떠다니죠. '나 저렇게 되고 싶어, 나 저렇게 하고 싶어, 난 저것도 잘하고 싶어, 난 이것도 알고 저것도 알아, 그런데 난 왜 저렇게 안 되는 거야?' 이런 마음에서는 내가 정말 원하는 것을 정확하게 볼 수 없어요. 그 부러움과 원망과 시기와 질투가 내 마음을 혼탁하게 만들기 때문이죠. 그런 것들이 싹 다 기리않고, 내기 완전히 투명해지면, 그제아 비로소 내 안에 있던 알맹이들이 오롯이 보이게 돼요. 지금 나는 그런 상태에 이른 것이죠.

그렇게 맑아진 상태에 이르고 나서, 나는 자신을 다시 돌아봅니다. 그랬더니 이런 결론에 이르죠. "인생은 살기 어렵다는데, 시가 이렇게 쉽게 씌어지는 것은 부끄러운 일이다." 그러니까 나의 마음에 아주 맑고 투명하게 가득 남은 감정이 바로 '부끄러움'이었어요.

나는 부끄러웠어요. 당시에 사람들은 살기가 어렵다고 했대요. 이 사람한테 물어봐도 어렵다고 하고, 저 사람한테 물어봐도 어렵다고 하죠. 너무 괴롭고, 아프고, 고통스러워서 살기가 어려웠겠죠. 당시 사람들에게 시를 써보라고 했다면, 자신의 삶을 기억해서 기록해보라고 했다면, 그들은 낱말 하나 쓰는 것도 어려웠을 거예요. 그 괴롭고, 아프고, 고통스러운 이야기를 어디서부터 시작해야 할지, 어떻게 써 내려가야 할지, 쓰려고 하다가도 다시 살아오는 기억들에 온몸이 떨려서 도저히 쓰기가 어려웠을 거예요.

그런데 나는 그렇게 어렵게 살아오지 않은 거예요. 시가 너무 쉽게 써지는 거예요. 시를 쓰는 일이란 기록을 하는 일이고, 기록을 하는 일이란 기억을 하는 일인데, 내가 시를 쉽게 쓴다는 건 내가 인생을 별다른 고통도 없이, 별다른 힘듦도 없이, 너무나 쉽게 살아왔다는 것이죠. 그게 너무 미안하고 미안해서, 자신 안에 부끄러움이 가득 찬 것으로 느껴진 것이죠.

그래서 나는 시를 다시 씁니다. '창밖에 밤비가 속살거려 육첩방은 남의 나라'라고 했던 것을, '육첩방은 남의 나라, 창밖에 밤비가 속살거리는데'로 바꿉니다. 비슷해 보이지만 분명히 다르죠. 방 밖에서 방 안으로 들어오던 시선은 이제 방 안에서 방 밖으로 바뀌었습니다. 이제는 나의 시선이 방 안에서 방 밖으로 향합니다. 밖에서 내면을 보는 게 아니고, 내면에서 밖을 보는 거예요. 이제 내가 내 안에서 내 밖으로, 뭔가를 시

216

작하려고 하는 거죠. 그럼 이 사람은 뭘 하려는 것일까요?

등불을 밝히려고 해요. 세상은 여전히 깜깜한 밤인데 말이죠. 물론 나도 알아요. 지금 내가 등불을 하나 밝힌다고 해서, 이 세상은 전혀 바뀌지 않는다는 것을 말이죠. 하지만 나는 그래도 할 거예요. 나는 내가 할 수 있는 만큼 할 거예요. 내가 해낼 수 있는 만큼 내 등불을 밝힐 거예요. 그것이 내가 정말 하고 싶은 것이거든요.

그리고 시대처럼 올 아침을 기다릴 거예요. 시대란 작은 변화가 아니에요. 시대란 누구도 거부할 수 없고, 누구도 거절할 수 없는 완전한 세상의 변화를 말하죠. 신석기 시대, 구석기 시대, 철기 시대라는 말이 있죠. 철기 시대에 사람들은 이렇게 살 수도 있고, 저렇게 살 수도 있어요. 하지만 인간이 철기를 사용하는 문명으로 접어들었다는 이 거대한 구조, 환경은 절대 벗어날 수 없어요. 시대에서 벗어날 수 있는 인간은 없죠. 그러니까 시대라는 것은 완전하고 완벽한 변화예요. 그런 시대처럼, 어느 인간 하나 빠짐 없이 받아들일 수밖에 없는 거대한 변화 같은 아침이 올 거래요. 그 완벽한 변화가 오는 아침 같은 시간을 기다릴 거래요. 그런데 여기에서 중요한 건, 그 완벽한 변화를 기다리는 사람이에요. 그 사람은 지금의 내가 아니래요. '최후의 나'래요. 이게 무슨 말일까요?

그러니까 지금의 나는 그런 사람까지는 못 돼요. 그렇게 시대처럼 올 아침에 대해 바위처럼 단단한 믿음을 가진 그런 대단한 사람이 나는 아니에요. 지금의 나는 그런 사람이 아닌데, 지금이 아닌 미래에는 난 그런 사람이 될 거라는 거예요. 지금의 내가 더 노력하고 노력하면, 지금은 내가 할 수 있는 일이 겨우 등불 하나 밝히는 것이 전부지만, 그 등불 하나 밝히면서도 두렵고 무섭고 괴롭고 주저하고 있지만, 미래의 나는 등불 다음에 횃불을 밝히고, 횃불 다음에 커다란 모닥불을 밝히고, 그렇게 어둠을 몰아내는 대단한 일들을 해내면서, 더욱 성장하고 성숙하고 단단해진 최후의 내가 시대처럼 완벽한 변화가 올 그 미래를 기다리는 것이죠. 그런데 그렇게 되려면, 그전에 먼저 해야 할 일이 있어요. 내가 위로해야 할 사람이 한 명 있거든요.

내가 작은 손을 내밀고 싶은 사람이 있어요. 내가 눈물로 위안을 건네고 싶은 사람이 있어요. 그동안 얼마나 미워했는지 그에게 내미는 이 악수는 태어나 처음 해보는 일이죠. 그 사람은 누굴까요? 그 사람은 바로 나예요.

그러니까 나는 이제야 처음으로 나에게 손을 내민 것이죠. 내가 나에게 처음으로 위로를 건넨 것이죠. 이제야 처음으로 내가 나를 안아준 것이죠. 그러니까 이 말을 다시 정확하게 보

218

자면, 나는 이제까지 나에게 손을 내민 적이 없었던 거예요. 나는 나에게 위로를 건넨 적이 없었던 거예요. 나는 나를 안아준 적이 단 한 번도 없었던 거예요. 그럼 그동안 어떻게 했을까요? 계속 자기 자신을 비난했겠죠. 계속 자신을 욕했겠죠.

"이 모자라고 멍청한 녀석아, 넌 왜 이렇게 못해? 넌 왜 저렇게 못해? 넌 왜 이렇게 나약해? 넌 왜 이렇게 단단하지 못해? 남들은 다 하는데? 누구는 저렇게까지 하는데? 다른 사람은 저렇게 잘만 사는데? 너는 왜 못해? 너는 왜 이거밖에 안 돼? 대체 너는 왜 안 되냐고!!" 계속 자신을 비난하고 원망했겠죠. 그렇게 자신에게 분노했겠죠. 그러다가 지금 이 순간이 되어서야 처음으로 자신을 위로하게 된 거예요. "너 힘들었겠다. 너 어려웠겠다. 그래, 아팠구나. 그랬구나." 그렇게 자신을 안아준 것이죠.

제가 이 장면을 최근에 영화에서도 본 적이 있어요. 〈스즈메의 문단속〉이라는 애니메이션이었죠. 극장에서 이 영화를 보다가 어느 장면에서, 그때까지 참았던 눈물이 결국 나버렸어요. 어떤 장면이었냐면, 스즈메가 어린 아이를 안아주는 장면이었어요. 별이 빛나는 깊은 밤에 엄마를 찾아 언덕을 헤매면서 울고 있는 한 아이를 스즈메가 안아주거든요. 아픈 엄마를 그리워하면서, 아픈 엄마를 원망하면서 언덕을 헤매고 있던 어린 아이였는데요, 사실 이 아이는 스즈메였죠. 어린 시절의 스즈메. 그러니까 열일곱 살 훌쩍 커버린 스즈메가 일곱 살 어린 시절의 스즈메를 안아준 것이죠.

저는 이 순간이, 한 사람이 정말 어른이 되는 순간이라고 생각해요. 어린 시절의 내가 불쌍할 수 있어요. 그 모습을 연민하고 동정할 수 있어요. 하지만 연민과 동정 속에만 머물러 있는 사람은 절대 아이에서 벗어날 수 없어요. 나에서 벗어나 너를 볼 수 있어야 어른이 되거든요. 너를 못 보고 나에게만 머물면 그 사람은 얼마나 더 나이를 먹더라도 결국 어린 아이일 뿐이죠.

그래서 어른이 되려면, 먼저 내가 나를 안아주는 것에서부터 시작해야 해요. 아프고 힘들고 괴롭고 외로웠던 그 어린 나를 지금의 내가 안아줄 수 있어야 해요. 지금의 내가 어린 날의 나를 잘 돌봐줄 수 있어야 해요. 그 아이와 함께 새로운 사람들을 만날 수 있어야 해요. 이것을 해낼 수 있는 순간부터 어른이 된다고 저는 생각해요. 그러니까 이 시, 〈쉽게 씌어진 시〉의 나도 이제야 어른이 된 것이죠. 그리고 이제야 위로가 가능한 사람이 된 것이기도 하고요.

나를 가장 먼저 위로할 수 있는 사람은 누구일까요? 세상에 그 사람은 단 한 사람밖에 없어요. 그건 바로 나예요. 내가 왜 힘든지, 어떻게 힘든지, 얼마나 힘든지, 그걸 가장 잘 알고 있는 사람은 나거든요. 그 상황에서, 그 관계에서 내가 보고 듣고 느끼고 경험한 것을 먼저 함께한 것은 바로 나니까요. 그래서 내가 먼저 나를 위로할 수 있어야 해요. 내가 먼저 나를 이해해줘야 해요. 그렇지 않으면 다른 어떤 사람도 나를 위로할 수 없어요. 내가 먼저 나를 위로할 수 있어야, 나를 위로하려는 다른 사람의 마음도 받아들일 수 있거든요.

3. 공감, 추론, 비판, 상상

지금부터는 이 시에 대한 여러분의 생각을 나눠보고 싶어요. 이 시가 전하는 상황과 감정과 메시지를, 이 시를 바탕으로 해서 개인적으로, 역사적으로, 사회적으로 더 깊고 넓게 추론해볼 수 있죠. 그렇게 도착한 결론이 있을 거예요. 그 결론에 공감할 수도 있어요. 그런 상황이면 그런 감정이 느껴질 수 있겠다, 그러면 그런 메시지를 전할 수 있겠다 하고 공감할 수도 있죠. 하지만 무조건 공감할 이유는 없어요. (중략) 여러분과 함께 나눌 질문은 다음과 같아요.

1. 시 속의 '내'가 슬프거나 힘든 줄 알면서도 하는 것은? 당신이 슬프거나 힘든 줄 알면서도 하고 있는 것은?

2. 내가 홀로 침전한 이유는? 나에게 맑게 남은 감정은? 당신이 홀로 침전한 적이 있다면, 그 이유는? 침전 후 당신에게 맑게 남은 감정은 무엇인가?

3. 내가 부끄러움을 느낀 이유는? 당신이 깊이 부끄러움을 느낀 경험이 있다면, 그 이유는 무엇인가?

4. 내가 등불을 밝힌 이유는? 당신은 당신 삶의 '등불'을 밝힌 적이 있는가? 언제, 어떻게, 왜 등불을 밝혔는가?

5. 내가 처음으로 나를 위로한 때는 언제인가? 당신은 언제 처음으로 당신을 위로했는가?

1. 질문 2개 선택해서 댓글 쓰기
2. 노래 추천

저는 질문 두 가지를 선택해서 제 감정에 대해 이야기해보겠습니다. 제가 먼저 선택한 질문은 1번입니다.

"시 속의 '내'가 슬프거나 힘든 줄 알면서도 하는 것은? 당신이 슬프거나 힘든 줄 알면서도 하고 있는 것은?"

시 속의 내가 슬프거나 힘든 줄 알면서도 하는 것은 시를 쓰는 일이죠. 그리고 나에게 시를 쓰는 일이란 기록을 하는 것이고, 기록을 한다는 것은 기억을 한다는 것이죠. 그러니까 시를 쓰는 일이란 내가 내 주변의 세계를 기억하고 기록하는 일인 거예요. 그래서 나는 시를 쓰는 일이 힘들고 슬픈 일이라는 것을 이미 알고 있어요.

제가 슬프거나 힘든 줄 알면서도 하고 있는 것 중에 가장 애쓰고 있는 것은 '수업'입니다. 제가 여러분과 함께 진행하는 이 문학 수업 말이에요. 이 수업이 여러분한테 마냥 즐겁고 재미있지는 않죠. 여러분한테 대단한 쓸모가 있는 것도 아니고요. 여러분의 진로에, 진학에, 취업에, 인생에 그렇게 대단한 도움이 될 것 같지는 않거든요. 아마도 대부분 학생들에게 쓸모없는 수업일 거예요. 그래서 여러분 중에는 이 수업을 별로 열심히 하지 않으려는 사람도 있고, 참여하지 않는 학생도 있죠. 그래서 저도 가끔은 무척 쓸쓸해지기도 해요. 제가 수업을 열심히 준비하면 준비할수록 쓸모없는 사람처럼 느껴질 때가 있거든요. 그런데 그런 줄 알면서도 다시 또다시, 저는 문학 수업을 준비하죠. 왜냐하면, 제가 가지고 있는 것 중에서, 제가 여러분을 가장 즐겁게 도와주고 싶은 일이 '문학'이거든요.

제가 수업을 이렇게 저렇게 할 수도 있지만, 굳이 이렇게 유튜브라는 채널을 만들어 영상을 보여주고, 비밀댓글로 한 사람 한 사람 만나면서 제 이야기를 하는 건 그 때문이죠. 강의식 수업, 저도 해봤죠. 교실에서 여러분의 선배들 20명, 25명을 앞에 두고 칠판에 이야기를 정리해가며 강의를 해봤죠. 그런데 너무 힘들었어요. 학생들 대부분이 수업을 듣지 않았거든요.

많은 학생이 책상에 엎드리거나 졸음을 이기지 못하고 자버리는 상황에서는 제가 정말 힘들더라고요. 저도 사람인지라, 그런 상황에서는 도저히 제 이야기를 못 하겠더라고요. 시와 관련한 저의 내밀한 이야기를 하려다가도 못 하겠더라고요. 그런데 이 시를 제대로 전달하려면, 이 시의 상황과 감정과 메시지를 정확하게 전달하려면, 이 시를 먼저 읽고 움직인 제 감정에 대한 이야기를 해야 여러분에게도 그 감정의 아주 작은 하나라도 전해질 것 같은데, 오프라인 교실에서는 그런 얘기를 안 하게 되더라고요. 교사도 사람이니까요. 교사도 상처받으니까요. 그래서 이런 방법을 택한 거죠.

물론 그래도 실패할 수 있습니다. 그래서 슬플 수 있죠. 그래서 힘들 수 있는데, 그럼에도 조금이나마 여러분한테 이 문학 수업이 도움이 될 수 있다면, 할 수 있는 데까지는 시도해보려고요.

　제가 두 번째로 선택한 질문은 4번이에요.

　"내가 등불을 밝힌 이유는? 당신은 당신 삶의 '등불'을 밝힌 적이 있는가? 언제, 왜, 어떻게 등불을 밝혔는가?"

　이 시에서 내가 등불을 밝히는 이유는 어둠을 물리치기 위해서죠. 물론 나는 이미 알고 있어요. 자신이 등불을 하나 밝힌다고 해서 세상의 어둠이 단번에 사라지는 일은 절대 일어나지 않아요. 그럼에도 불구하고 나는 등불을 밝히겠다는 것이죠. 지금 내가 할 수 있는 만큼 하겠다는 것이죠. 그렇게 실천을 하고 나서야, 그제야 가능했던 것이 있었죠. 그것은 내가 나를 위로하는 일이었어요. 내가 나를 이해하고, 인정하고, 위로하는 일은 내가 등불을 밝히고 나서야 겨우 가능했던 것이죠.

　저도 살면서 어두운 세상에 등불을 밝히는 일 같은 것을 시도한 적이 있었어요. 제가 마흔 살에 접어들면서 제 마음이 크게 망가졌을 때, 그게 몸으로도 왔거든요. 그때 제가 좀 비만이었어요. 배가 엄청 나왔죠. 그래서 안전벨트를 매면, 안전벨트가 배 위로 가거나 배 밑으로 가더라고요. 전에는 이런 일이 없었는데 그만큼 배가 나왔죠. 나잇살이라고 생각했어요. 나이가 들면 다 그런 거라고 생각했죠. 그런데 그런 것만은 아니더군요. 가장 큰 원인은 당뇨병이었어요.

그때 제 몸에 당뇨병이 발병했다는 것을 알았어요. 몸이 아무래도 정상이 아닌 듯해서 병원을 찾았는데, 처음 측정한 공복혈당이 정상 수치 100을 훌쩍 넘어버린 296이었죠. 당화혈색소 수치도 정상 수치인 5.7을 훨씬 넘어서 15.9가 나왔어요. 아무것도 아는 것이 없었던 저는 그냥 그런가 보다 했는데, 이게 꽤 심각한 상황이었다는 것은 나중에 알았어요.

그렇게 몸과 마음이 다 망가져 있을 때, 오랜 어둠의 시간을 보내고 나서 저도 비슷한 생각을 했던 것 같아요. 무언가를 해야겠다, 어떻게 살아야 할지는 여전히 모르겠지만 일단 건강해야 되겠다, 했던 것이죠. 어쨌든 살고 싶은 건 분명하니까, 죽고 싶지 않은 건 정말 분명하니까, 일단은 건강해야겠다 싶었죠. 그래서 몸을 바꾸기로 했어요. 그렇게 마음을 먹었더니, 오래전부터 마음에 간직하고 있던 한 문장이 떠올랐어요.

생각이 행동을 바꾸고

행동이 루틴을 바꾸고

루틴이 습관을 바꾸고

습관이 성격을 바꾸고

성격이 만남을 바꾸고

만남이 운명을 바꾸고

운명이 인생을 바꾼다.

제가 살아오면서 경험한 바로는, 이 문장은 진짜였어요. 내가 정말 무언가를 바꾸고 싶다면, 나는 저 과정을 하나하나 통과할 수밖에 없어요. 저 과정을 통과하지 않으면 결국 내 삶에서 변하는 건 없는 것 같아요. 그런데 이걸 실천하려면 한 가지 좀 더 명확하게 봐야 할 것이 있어요. 이 문장 중에서 우리가 정말 실천할 수 있는 것은 '루틴'까지라는 거예요.

생각이 먼저 중요하죠. 내가 바라는 인생이 어떠한 것인지 누구보다 먼저 내가 나에게 명확히 설넝할 수 있어야 하겠죠. 이런 생각을 해낸 것 자체로도 정말 대단한 일이에요. 하지만 생각만으로는 아무것도 변하지 않아요.

실천을 해야 해요. 내가 마음속으로 생각한 것을 마음 밖으로 꺼내야 해요. 가장 간단하고 결정적이며 대단한 실천은 '말하는 것'입니다. 그리고 '쓰는 것'이고요. 나의 생각을 말로 하고 글로 쓰는 것은 정말 간단하지만 엄청난 실천이에요. 이 실천은 그 자체로 강력한 힘이 있어요. 내 생각을 흩어지지 않게 하죠. 내 생각이 물리적인 몸을 갖게 만들죠. 이렇게 실천하면 나는 내 생각을 보고, 만지고, 들을 수 있게 돼요. 그리고 말이

나 글만이 아니라 실제로 자신의 생각을 행동으로 실천하면 그때는 정말 내가 바라는 것들이 시작돼요.

하지만 아주 명확하게, 아주 냉정하게, 큰 숨을 들이쉬고, 차분하게 인정해야 할 것이 있어요. 그것은 실천을 한 번 한다고 해서 바뀌는 것은 아무것도 없다는 것이에요. 내가 무언가를 바꾸고 싶다면, 그 실천은 반드시 반복되어야 해요. 내가 의지를 갖고, 의식을 해서, 의도적으로, 반복해서 실천해야 겨우 무언가가 조금 변해요.

그렇게 의지를 갖고, 의식을 하면서, 의도적으로 반복하는 것을 '루틴'이라고 해요. 루틴은 정말 힘들고 괴로워요. 루틴에 익숙하지 않아 저항하는 내 몸이 있고, 그 몸을 혼내고 달래서 다시 루틴을 반복하려는 나의 생각이 있거든요. 나의 몸과 나의 생각이 그렇게 오래오래 싸울 수 있어요. 그러다가 그 루틴 중에 몇 가지가 정말 오래 반복되면 내 몸에 자리 잡게 돼요. 그때가 되면 그 루틴을 습관이라고 해요. 습관은 무의식적인 반복이에요. 내가 의지를 갖고, 의식을 해서, 의도적으로 반복하지 않아도 그냥 내 몸이 하게 되는 것이죠. 적어도 그것을 안 하면 무언가 불안하고 불편하고 짜증이 나서, 그냥 해버리는 게 마음 편해지는 거죠.

그러니까 내가 나를 변하게 만들고 싶을 때, 내가 실질적으로 할 수 있는 것은 루틴까지예요. 생각을 바꾸고, 행동을 바꾸고, 루틴을 바꾸는 것까지는 우리가 할 수 있어요. 하지만 습관을 바꾸는 것은 의지만으로 가능한 일은 아닌 것 같아요. 어떤 의미에서는 내 의지를 넘어서는 일인 듯해요. 습관은 의지가 없어도 반복하게 되는 일이니까요. 하지만 할 수 있는 데까지는 해보는 것이죠. 그러니까 습관이 될 때까지 루틴을 반복하는 것이 우리가 할 수 있는 전부죠.

그래서 헬스장을 다니기 시작했어요. 그날부터 일주일에 3일, 월수금이면 하루 두 시간씩 꾸준히 운동했어요. 아무 생가 없이 했어요. 결정을 하기 전까지는 최대한 생각을 많이 하려고 했지만, 결정하고 난 후에는 최대한 아무 생각을 안 하려고 했어요. 그렇게 해야 한다고 생각했어요. 이제까지 대부분 저는 반대로 했거든요. 대충 결정하고, 하면서 생각했죠. 그게 잘못되었다는 걸 이제야 알게 되었죠.

헬스장의 운동 중에서도 턱걸이를 가장 열심히 했어요. 헬스장에 갈 수 없는 날에는 잠시 짬을 내어 근처 공원에서 턱걸이를 했죠. 철봉이 없으면 뭔가 매달릴 것을 찾았어요. 저는 그 턱걸이가 제 목숨을 살렸다고 생각해요. 지금도 턱걸이를 굉장히 좋아하고요. 여러분에게도 턱걸이를 권합니다.

다른 건 다 모르겠는데 어쨌든 '살고 싶다'는 마음이 분명히 있다면, 운동을 꼭 했으면 좋겠어요. 몸을 바꾸는 게 일단 모든 일의 첫 번째라는 것을 기억했으면 좋겠어요. 그리고 가장 간단하게, 가장 강력하게 몸을 바꿀 수 있는 운동으로 턱걸이를 강추합니다. 다른 좋은 운동도 많지만 먼저 턱걸이로 시작해보세요. 물론 처음부터 턱걸이를 잘하는 것은 불가능해요. 매달리기부터 하세요. 저도 당연히 매달리기부터 시작했거든요. 헬스장에 가면 그냥 다섯 번 철봉에 매달렸다가 오자, 했던 것이죠. 10초씩 다섯 번 매달리다가, 그다음 주에는 20초씩 다섯 번, 한 번 매달리고 나면 1~2분 정도 쉬었다가 다시 매달렸죠. 그렇게 4주만 지나도 몸이 변하는 느낌이 와요. 3개월을 그렇게 보내면 정말 몸이 변하는 것을 눈으로 확인할 수 있어요. 몸을 바꾸는 것, 저는 그것이 자신의 삶을 바꾸는 프로젝트를 시도하려는 사람이라면 가장 먼저 해야 할 루틴이라고 생각해요. 여러분 중에 자신의 삶을 변화시키고 싶은 마음이 있는 분이라면 먼저 몸을 바꾸는 일부터 집중해보시기를 강력히 권합니다.

4. 표현법과 배경지식

마지막 4단계입니다. 〈쉽게 씌어진 시〉에 활용된 표현법을 살펴보면서, 마지막으로 이 시의 내용을 정리해보겠습니다.

이 시의 가장 매력적인 구조는 '전환'이에요. 이 시의 1연과 8연에서 시선의 전환이 이루어지고 있거든요. 창밖과 육첩방의 순서를 바꾸면서 외부에서 내부로, 내부에서 외부로 시선을 향하고 있죠. 방 밖에서 방 안으로 시선이 향하는 것은 성찰의 구조입니다. 성찰이란 타인에 대한 기준을 그대로 자신에게 대입하는 것을 말하죠. 그리고 자신의 내면을 향해 있던 시선이 밖으로 향하는 것은 실천이 이루어질 것이라는 뜻이고요.

그리고 이 시에는 과장법이 쓰였어요. 학비 봉투에서 땀 냄새가 난다는 건 과장이죠. 당시에 학비가 전달되는 과정을 봤을 때, 봉투 안에 냄새가 남아 있는 건 불가능한 일이니까요. 그만큼 화자에게 학비는 그냥 돈이 아니라, 부모님의 감사한 노동과 깊은 사랑으로 다가왔다는 뜻일 거예요.

마지막 두 구절에는 이 시에서 가장 매력적인 상징이 쓰였어요. 여기에는 과거의 나, 현재의 나, 미래의 나가 등장하죠.

현재의 나는 등불을 밝힌 나입니다. 과거의 나는 나에게서 위로받지 못하고 악수 받지 못했던 나이고요. 그리고 미래의 나는 최후의 나입니다. 그러니까 시대처럼 올 아침을 기다리는 확신과 의지가 강력한 나죠. 현재의 내가 과거의 나와 화해해서, 더 성장하고 성숙해서 마침내 도달할 나이기도 하고요.

여기에서 잊지 말았으면 하는 것은 순서예요. 내가 나와 화해하기 위해서는 먼저 실천을 해야 해요. 아무것도 하지 않으면서 과거의 나와 화해할 수는 없어요. 내가 지금 할 수 있는 것을 실천한 다음에야, 오늘의 내가 과거의 나를 위로할 수 있는 거예요.

이 시는 1942년 6월 3일에 쓴 것으로 메모가 적혀 있어요. 그러니까 윤동주 시인이 일본에 유학을 가 있을 때입니다. 일본 유학을 위해 창씨개명까지 하며 자기가 바랐던 대학 진학을 이루었는데, 이곳에서 부모님의 노력과 사랑으로 겨우 공부를 이어가고 있는데, 그가 대학에서 하는 공부라는 것은 세상의 어떠한 고통과 비명도 해결해주지 못하는 공부, 세상에 어떠한 변화도 가져오지 못하는 공부였던 것이죠. 그래서 괴로웠던 것이죠. 부끄러웠고요. 그 괴로움과 부끄러움의 끝에, 마침내 실천에 나서는 이야기죠.

안타깝게도 이 시는 윤동주 시인이 쓴 마지막 시였습니다. 이 시를 쓴 이후로 윤동주는 1943년 '교토 조선인 학생 민족

주의 그룹 사건'에 연루되어 독립운동을 했다는 혐의로 일본 경찰에 체포되었습니다. 그리고 치안유지법 위반 혐의로 징역형을 선고받고 후쿠오카 형무소에 수감되었다가, 1945년 2월 16일 27세의 나이로 옥중에서 사망했습니다. 독립운동을 본격적으로 해보지도 못한 채, 다른 유학생들과 만나 무언가를 해보려고 이야기를 나누던 중에 체포된 것이죠.

결과만을 놓고 본다면, 윤동주라는 청년은 현실에서 대단한 실천을 이루지는 못한 사람일 겁니다. 하지만 그것으로 그의 가치가 빛바래지는 일은 없습니다. 청년 윤동주의 시작과 방황과 시도의 과정 그 자체로 지금까지 빛나고 있으니까요. 지금도 어떠한 일에서 또다시 시작하고 방황하고 시도하려 고민하는 모든 이에게 닿게 될 빛입니다. 이 빛이 여러분에게도 닿기를 기원합니다.

성취감

힘들고 괴로울수록
짜릿한 이 감정은 어떻게
다뤄야 할까?

〈세일에서 건진 고흐의 별빛〉 황동규

〈보리타작〉 정약용

안녕하세요. '감정으로 시작하는 시 수업'입니다. 오늘 함께 공부할 감정은 정말 이상하고, 때로는 위험한 감정이에요. 힘든데, 엄청 힘든네, 즐기운 감정이거든요. 심지어 힘들면 힘들수록 더 짜릿한 감정이죠. 사람이 힘들면 힘들수록 더 힘든 게 자연스럽잖아요? 그런데 때로 사람은 힘들수록, 심지어 고통스럽고 괴로울수록 더 짜릿하게 즐거울 수 있어요.

뭔가 정상으로 보이지 않죠? 뭔가 이상한 사람들만 느끼는 감정처럼 보이죠? 그런데 그렇지가 않아요. 우리는 대부분 이 감정을 참 좋아해요. 그래서 이 감정을 느끼기 위해 아주 많은 시간 동안 기다리기도 하고, 아주 많은 시간 동안 고통을 참기도 하죠. 대체 이 감정은 무엇일까요? 이 감정은 바로 '성취감'

이에요. 우리가 무언가를 이뤄냈을 때 느끼는 그 감정이요.

그래서 성취감은 위험한 감정이기도 해요. 더 큰 성취감을 위해 더 많은 기다림과 고통을 견디다 보면 자신의 삶이 망가질 수 있거든요. 성취감에 중독된 사람은 성취감을 주지 못하는 일상이나 관계를 함부로 대하게 되고, 그러다 보면 결국 삶이 파괴되죠. 이것이 워커홀릭workaholic이라는 말이 나온 이유이기도 해요. 워커홀릭은 마치 일에 중독된 사람처럼 지나치게 일을 많이 하는 사람을 말해요. 워크work는 '일'이라는 뜻이고, 홀릭holic은 '중독자'라는 뜻이니까, 한마디로 '일 중독자'죠. 그러면 대체 이 사람은 왜 일에 중독되었을까요? 그런데 이 사람이 정말 중독된 것은 정확히 말하면 일이 아니죠. 그것은 성취감이에요.

물론 성취감은 살면서 정말 중요한 감정이에요. 성취감 덕분에 우리는 도전하고, 노력하고, 성장하고, 성숙하죠. 한 사람이 아이에서 어른으로 성장하기 위해서도 성취감은 필요해요. 그래서 우리가 늘 점검해야 할 질문이 있어요. 우리에게 정말 필요하지만 또 위험하기도 한 이 감정을 우리는 어떻게 다루어야 할까요? 이 질문에 답을 하려면, 그 전에 먼저 자신에게 꼭 물어봐야 할 질문이 있어요.

"내가 살고 싶은 라이프 스타일은 무엇인가요?"

여러분은 어떤 라이프 스타일을 원하나요? 여러분은 어떤 성취감을 원하세요? 노동자의 성취감을 원하나요? 고용자의 성취감을 원하나요? 투자자는 어때요? 소비자로 사는 걸 좋아하나요? 생산자로 사는 것을 좋아하나요? 반복하는 삶은 어때요? 성장하는 삶은 어때요? 언제든 대체될 수 있지만 자유로운 삶을 원하나요? 대체할 수 없는 특별한 존재지만 어딘가에 매여 있는 삶을 원하나요? 여러분이 살고 싶은 라이프 스타일은 무엇인가요? 이 질문과 함께 시 수업, 시작하겠습니다.

세일에서 건진 고흐의 별빛

_황동규

방금 세일에서 건진 고흐의 복사화

〈별 빛나는 하늘 아래 편백나무 길〉

한가운데 편백나무 두 줄기가

서로 얼싸안고 하나로 붙어 서 있는

밀밭 앞길로

위태한 마차 한 대 굴러오고,

하나는 삽을 메고

하나는 주머니에 두 손 찌른 채

농부 둘이 걸어오고 있다.

하늘 위에 별이라곤

왼편 귀퉁이에 희미한 것 하나만 박혀 있고

(별나라엔들 외로운 별 없으랴)

나머지는 모두 모여 해와 달이 되어 빛나고 있다.

빛나라, 별들이여, 빛나라, 편백나무여,

세상에 빛나지 않는 게 어디 있는가.

있다면, 고흐가 채 다녀가지 않았을 뿐.

농부들을 붙들고 묻는다,

'저 별들이 왜 환하게 노래하고 있지요?'

'세상에 노래하지 않는 별이 어디 있소?'

빛나라, 보리밭이여, 빛나라, 외로운 별이여,

빛나라, 늘 걷는 길을 걷다

이상한 사람 만난 농부들이여.

I. 기본 내용 파악

이 시는 '세일'이라는 단어에서 시작해요. 시장이나 마트, 백화점에 가면 볼 수 있는 그 '세일sale'이죠. 그리고 여기에서 '고흐'는 화가 빈센트 반 고흐를 말해요. 또 '복사화'라는 건 복사한 그림, 그러니까 원본 그림이 아니라 인쇄한 그림을 말해요. 원작이 아니니 가격이 훨씬 저렴하죠. 그러니까 이 시의 상황은 이런 거예요.

이 시의 주인공은 어느 날 그림 파는 곳에 갔어요. 그런데 마침 세일을 하는 날이었죠. 그래서 이런저런 그림을 보다가 고흐의 그림을 발견해요. 평소에도 고흐를 좋아했던 '나'는 그 중에서도 〈별 빛나는 하늘 아래 편백나무 길〉이라는 그림을 보고 완전히 반해서 구매했어요. 너무나 마음에 드는 그림을 저렴한 가격에 사서 한껏 신이 난 내가 다시 그림을 자세히 들여다보니, 그림 속 풍경이 하나하나 눈에 들어와요.

그림 속 세상에는 별이 빛나고, 달이 빛나고, 푸른 하늘이 펼쳐져 있고, 그 아래 노란 밀밭이 쭉 뻗어 있어요. 밀밭 사이로 길이 있고, 길옆에는 편백나무가 있는데, 자세히 보니 한 그루가 아니라 두 그루예요. 그 길 위로 마차가 멀리서 오고 있고, 앞에는 농부 두 사람이 걸어가고 있죠. 나는 고흐의 그림에 완전히 빠져들어서 그림 속 농부들과 대화를 나누기까지 해요.

그리고 이렇게 결론을 내려요. 세상의 모든 것이 다 빛난다고 말이죠. 세상의 모든 것이 빛나고, 세상의 모든 것이 노래한다는 것이죠. 정말 그림에 착 달라붙어서, 그림 속 세계로 빨려들어갈 것 같은 느낌이에요. 시 속의 나는 정말 만족스럽고, 정말 뿌듯한 것 같아요.

이 시는 어렵지 않아요. 평소 좋아하던 영역에서 희귀 아이템을 저렴하게 구한 사람이 그 아이템에 푹 빠진 이야기라고 할 수 있어요. 마치 여러분이 평소 좋아하던 게임을 하다가 희귀 아이템을 정말 우연히, 정말 저렴하게 구해서 엄청 신이 나 있는 것과 같은 상황이죠. 앞으로 게임을 마음껏 재밌게 해볼 상상에 무척 기대를 하면서, 이 아이템을 찾아낸 자신에게 한껏 만족하면서, 이 아이템으로 앞으로 이룰 성취에 미리 만족하면서 무척 즐거워하는 것과 비슷한 마음일 거예요. 그 성취감이 너무너무 좋아서 세상 모든 것이 다 빛나 보일 정도죠. 그런데 여기에서 여러분에게 묻고 싶은 게 있어요.

여러분에게는 정말 세상의 모든 것이 다 빛나나요? 학교, 칠판, 버스, 지하철, 계단, 역무원, 아저씨, 아줌마, 할아버지, 할머니, 선생님, 친구들, 책, 수업 등등. 여러분이 하루에 만나는 그 모든 것이 다 빛나나요? 하루의 모든 시간이 여러분에게 다 빛나고 좋은가요? 이 질문을 마음에 품고, 다음 시로 넘어가볼게요.

보리타작

_정약용

새로 거른 막걸리 젖빛처럼 뿌옇고

큰 사발에 보리밥 높기가 한 자로세

밥 먹자 도리깨 잡고 마당에 나서니

검게 탄 두 어깨 햇볕 받아 번쩍이네

응헤야 소리 내며 발맞추어 두드리니

삽시간에 보리 낟알 온 사방에 가득하네

주고받는 노랫가락 점점 높아지는데

보이느니 지붕까지 날으는 보리 티끌

그 기색 살펴보니 즐겁기 짝이 없어

마음이 몸의 노예 되지 않았네

낙원이 먼 곳에 있는 게 아닌데

무엇하러 고향 떠나 벼슬길에 헤매리오

이 시는 조선 시대의 학자이자 문학가인 정약용이 쓴 시입니다. 기본 내용을 살펴보죠.

먼저 새로 만든 막걸리를 마십니다. 막걸리는 쌀로 만든 술이에요. 식량으로 쓸 것을 먼저 쟁여두고 따로 남긴 쌀이 있어야 술을 만들 테니, 이 집은 경제적으로 꽤 여유가 있었던 것이죠. 그리고 큰 사발에 보리밥을 담았는데, 높이가 한 자나 된다고 하네요. 한 자는 대략 30센티미터 정도예요. 밥을 밥그릇에 담는 것으로도 모자라서 밥그릇 위로 수북하게 쌓아 고봉을 만들었는데, 그 높이가 무려 30센티미터였다는 거죠. 정말 엄청난 양인데, 이 또한 사람들이 마음껏 배불리 먹을 만큼 이 집이 여유가 있었다는 걸 보여주죠.

이 밥을 다 먹고 이제 노비들이 일어섭니다. 보리를 타작할 때 쓰는 농기구인 도리깨를 잡고 마당으로 나갑니다. 타작이란 곡식 이삭을 떨어서 낟알을 거두는 일을 말해요. 뜨거운 햇볕 아래서 오랜 시간 타작을 하느라 이미 검게 그을린 어깨를 드러내고, 바닥에 펼쳐놓은 보릿단 위로 다시 도리깨를 내려칩니다. '옹해야' 하는 후렴으로 시작하는 민요를 함께 부르며, 리듬에 맞춰 도리깨를 내려치니 보리 낟알이 사방으로 튀고, 도리깨질이 더해질수록 보리 낟알이 바닥에 가득해집니다. 내가 열심히 노력한 결과가 눈앞에 뿌듯하게 보이니 노비들의 흥겨움은 더해가고, 노랫소리는 더 높아지고, 보리 티끌이 지붕까지 날아오를 정도로 열기가 더해지죠.

그때 이 모습을 보고 있던 시 속의 나에게 한 가지 통찰이 떠올랐어요. "마음이 몸의 노예 되지 않았네"라는 것이죠. 이게 대체 무슨 말일까요?

2. 깊고 넓은 이해

대개 마음은 몸의 노예예요. 그러니까 마음의 상태는 몸의 상태가 결정한다는 것이죠. 우리는 몸이 아프면 마음도 아파요. 몸이 피곤하고 힘들면 마음도 피곤하고 힘들고, 몸이 편안하고 즐거우면 마음도 편안하고 즐겁죠. 이 관계는 너무나 명확해서, 몸은 마치 마음의 주인이고, 마음은 마치 몸의 노예인 듯 보여요. 몸의 상태에 따라 마음이 움직이니까요. 그런데 때로 우리의 마음이 그렇지 않을 때가 있어요.

몸은 엄청 힘들고 피곤한데, 마음은 즐겁고 신이 나요. 심지어 몸이 괴롭고 고통스러웠는데, 분명 그랬는데, 오히려 마음은 즐겁고 신나는 거죠. 그 즐거움은 때로 굉장히 강렬해서 짜릿하기도 해요. 마치 오랜 세월 지배당하던 노예가 주인에게서 벗어나 마음껏 자유를 누리는 감격과도 같죠. 마음이 몸의 지배에서 벗어나 자유를 누리는 듯한 감정, 정말 즐겁고 정말 신나서 짜릿하게 느껴지는 감정, 이때 느껴지는 감정이 바로 성취감이에요.

성취감으로 충만한 순간이 나에게는 낙원과 같다고 하네요. 정말로 성취감을 느끼는 사람에게는 그 순간이 낙원일 수 있을까요? 그럴 수 있어요. 사람은 근본적으로 인정 욕구의 기계거든요. 사람은 사회적 동물이라는 말이 있죠. 이 말은 가만 생각해보면 굉장히 무서운 말이에요. 사람이 사회적 동물이라는 건, 사람은 사회를 먹고 사는 동물이라는 뜻이거든요. 육식 동물이 육식을 못 하면 죽는 것처럼, 초식 동물이 초식을 못 하면 죽는 것처럼, 사람은 사회적 관계를 맺지 못하면 죽어요. 은유적인 표현이 아니라 정말 죽어요. 사람은 사회적 관계를 먹지 못하면 아프고 병들다 정말 죽어요.

정리하자면, 사람은 근본적으로 다른 사람의 인정을 받아야 살 수 있어요. 사회적 관계의 기본이 '인정'이거든요. 인정을 받고 싶다는 열망은 먹고 자고 싸고 성관계를 맺는 본능처럼 사람에게 자연스럽고 강렬한 욕구죠. 이 욕구는 인간이라는 생명체에게 거의 기계처럼 작동하죠. 그런데 지금 이 순간, 성취감이 충만해진 이 순간, 인정 욕구가 완전히 해소된 이 순

간에 도달한다면, 그 순간은 마치 모든 욕망이 이루어진 상태
인 낙원처럼 여겨지는 것이죠.

그래서 시 속의 나는 이렇게 묻습니다. "무엇하러 고향 떠
나 벼슬길에 헤메리오?" 그러니까 나는 고향에서 충만한 성취
감을 느끼고 있는데, 굳이 '벼슬길'이라는 양반들의 그 치열한
경쟁에 나설 필요가 있을까 하는 질문을 던지는 것이죠. 이 질
문을 여러분과도 함께 하고 싶네요. 여러분은 어떤 라이프 스
타일을 원하시나요?

3. 공감, 추론, 비판, 상상

지금부터는 이 시에 대한 여러분의 생각을 나눠보고 싶어요.
이 시가 전하는 상황과 감정과 메시지를, 이 시를 바탕으로 해
서 개인적으로, 역사적으로, 사회적으로 더 깊고 넓게 추론해
볼 수 있죠. 그렇게 도착한 결론이 있을 거예요. 그 결론에 공
감할 수도 있어요. 그런 상황이면 그런 감정이 느껴질 수 있겠
다, 그러면 그런 메시지를 전할 수 있겠다 하고 공감할 수도
있죠. 하지만 무조건 공감할 이유는 없어요. (중략) 먼저 이 시
에 등장하는 인물들의 라이프 스타일을 살펴보죠.

노비: 노동자입니다. 도리깨를 잡고 뜨거운 태양 아래에서 보릿단을 내려치는 사람들입니다. 힘든 일을 직접 하는 노동자죠.

마름: 노동자이자, 중간 관리자입니다. 옆에서 빗자루로 보리 낟알을 살살 쓸어 모으며, 노동을 관리하는 사람입니다.

양반: 고용자입니다. 그늘에서 노동자들을 지켜보는 사람들입니다. 이들은 땅과 노비를 소유하고, 마름에게 지시를 하며, 최종 결과물을 소유합니다. 땅과 노비와 마름과 재산에 대한 권한과 책임이 있습니다.

벼슬길에 나선 사람: 평범한 양반이나 평범한 고용자를 넘어서, 정치와 경제에서 중요한 결정을 내리는 사람들입니다. 업계의 규칙을 정하거나 업계의 방향을 선택하는 큰 결정을 내리죠.

이 개념을 좀 더 확대해서 다음의 라이프 스타일을 함께 고민했으면 좋겠어요.

(1) 노동자와 고용자

노동자는 자신의 시간을 누군가에게 제공하고 그 대가를 받는 사람입니다. 그 시간 동안 일정한 역할을 수행해야 하죠. 사람들 대부분은 노동자로 살아갑니다. 저도 노동자예요. 지금 이 시간에 여러분과 함께하지 않으면 월급을 못 받죠. 삶을 유지하려면 이 노동이 필요합니다.

반면 고용자는 노동자를 고용하는 사람입니다. 자신이 이루고 싶은 목표를 위해 사람들을 고용해서 조직을 구성하고, 동기부여를 하죠. 우리가 흔히 말하는 사장이 여기에 해당합니다. 사장은 대개 사람들이 참 부러워하는 라이프 스타일이죠. 하지만 생각보다 무척 괴롭고 힘든 삶의 방식이기도 해요. 먼저 사장에게는 퇴근 시간이 없습니다. 그게 자유로워 보이기도 하지만, 사실은 족쇄가 되기도 하죠. 사장은 노동자들이 다 퇴근한 후에도 매장에서 일어나는 모든 일에 책임을 져야 하거든요. 갑자기 큰 전염병이 돌거나, 재해가 발생하거나, 경제위기가 닥치면 노동자들도 물론 힘들겠지만, 사장은 돈을 못 버는 것만이 아니라 자신의 매장이 통째로 망해가는 것을 모두 감당해야 하죠. 생각보다 굉장히 마음고생이 크고 힘든 자리예요. 성공의 과실도 가장 많이 가져가지만 실패의 쓴맛도 가장 많이 가져가는 게 사장이라는 삶인 것 같아요.

(2) 소비자와 생산자

소비자는 물건이나 서비스를 받고 돈을 지불하는 사람입니다. 세상 사람들 대부분이 소비자죠. 소비 없이 살 수는 없으니까요.

반면 생산자는 상품이나 서비스를 만들어 제공하고 그 대가로 돈을 받는 사람입니다.

(3) 사업자와 투자자

사업자는 자신이 기획한 시스템으로 상품이나 서비스를 제공해서 돈을 버는 사람입니다. 사업자의 핵심은 자동화예요. 내가 없어도 일이 시작되고 마무리되면서 수익이 들어오는 구조를 만드는 거죠. 직접 일을 안 해도 수익이 들어오는 시스템을 만든 사람들입니다.

투자자는 사업을 직접 하진 않지만, 돈을 투자해서 수익을 얻는 사람입니다. 예를 들어 어떤 사람이 사업은 잘하는데 돈이 부족하면, 투자자가 돈을 빌려주고 수익의 일부를 받는 계약을 맺죠. 하지만 투자도 쉽지 않습니다. 많은 위험을 감수해야 하고, 공부도 많이 필요하죠.

(4) 반복과 성장

삶에는 반복이 있습니다. 여러분도 학교생활을 반복하고 있죠. 저도 마찬가지입니다. 반복이 지겨운 사람도 있고, 좋다고 느끼는 사람도 있습니다. 저는 반복하면서 사는 삶이 나쁘지 않다고 생각해요. 여러분과 만나는 이 시간도 즐겁습니다.

반면 성장을 추구하는 사람들은 반복에 한계가 있다고 느낍니다. 1년, 3년, 5년, 10년쯤 되면 '더 이상 이렇게 못 하겠다' 생각하고 다음 단계로 넘어가거나, 전혀 다른 일을 시도하죠. 이런 사람들은 긴 인생에서 성장하는 삶을 원합니다.

(5) '-자'와 '-가'

'-자'는 언제든 대체될 수 있는 사람입니다. 노동자, 소비자처럼 특정 역할만 수행하는 사람들이죠. 예를 들어 식당에서 설거지만 하는 사람, 재봉틀만 다루는 사람, 매장 정리만 하는 사람은 언제든 다른 사람으로 대체될 수 있죠.

반면 '-가'는 일가를 이룬 사람입니다. 특별하고 대체 불가능한 기술이나 실력을 가진 사람으로, 그를 배우려는 사람들이 줄을 서서 한 가족을 이룰 정도죠.

여러분은 어떤 라이프 스타일을 원하시나요? 이 개념들을 머릿속에 담아두고, 어떤 삶이 자신에게 맞는지 고민해보세요.

질문 목록

1. 〈세일에서 건진 고흐의 별빛〉에서 시 속의 '나'가 자신을 가리키는 말은 무엇인가? 당신은 세상의 모든 것이 아름다워 보였던 적이

있는가? 언제인가? 왜 그랬을까? 지금은 어떠한가?

2. 〈보리타작〉에서 시 속의 내가 원하는 삶의 방식은? 당신이 시 속의 '나'를, 시의 내용을 근거로 평가한다면?

3. 노동자 or 고용자, 생산자 or 소비자, 사업자 or 투자자, 반복 or 성장, -자 or -가, 당신이 원하는 라이프 스타일은?

1. 질문 2개 선택해서 댓글 쓰기
2. 노래 추천

저는 질문 하나를 선택해서 제 이야기를 해보겠습니다. 제가 선택한 질문은 3번입니다.

"노동자 or 고용자, 생산자 or 소비자, 사업자 or 투자자, 반복 or 성장, -자 or -가, 당신이 원하는 라이프 스타일은?"

저는 노동자가 되고 싶습니다. 고용자는 별로 원하지 않아요. 제가 경험해보니, 저는 다른 사람에게 명령하고 책임을 묻는 것을 불편해하고 힘들어하더라고요. 저는 노동자로 살면서 제가 맡은 일을 책임지고 열심히 하는 게 더 마음이 편하고 좋아요.

저는 소비자보다는 생산자로 살고 싶어요. 소비도 물론 하지만, 제가 그렇게 좋아하는 것 같지는 않더라고요. 예를 들면, 사람들이 많이 갖고 싶어 하는 비싼 명품 같은 것에는 거의 관심이 없고, 어디 유명하다는 음식점에 줄 서서 밥 먹는 걸 별로 좋아하지 않아요. 그런데 뭔가를 만들어서 세상에 공개했을 때 사람들이 그걸 이용하고 좋아하는 걸 보면 제가 무척 뿌듯해하더라고요.

사업자와 투자자 중에서는 투자자를 선택하고 싶어요. 언젠가 교사를 그만두고 나면, 다음 10년을 책임질 기술이나 인물에 투자해보고 싶습니다. 큰돈은 아니더라도, 제가 동원할 수 있는 여윳돈을 모아서 그런 일을 하면 무척 재밌을 것 같아요.

사업도 해보고 싶은데, 혼자 운영하는 1인 기업을 해보고 싶어요. 여러 사람을 관리하는 건 저에게는 힘든 일인 듯해서요. 사업이란 게 분명 어느 지점에서는 협업을 해야겠지만, 가능하다면 혼자 기획하고 실행하고 피드백 받는 사업을 해보고 싶습니다. 제가 아는 유튜버 중에 '연쇄 창업마'라는 분이 있는데, 그분이 그러더라고요. 사업, 정말 재밌다고요. 그러니 죽기 전에 딱 세 번만 꼭 해보라고요. 사업이라고 해서 무슨 큰돈을 쓰는 게 아니라, 500만 원으로도 창업이 가능하다고요. 1000만 원이면 충분히 가능하고요. 대개 세 번 중에 한 번은 의미 있는 수익을 거둘 수 있고, 혹 세 번 다 실패하더라도 분명 커다란 재미가 남는다고요. 사업, 정말 재밌다고 하시더라고요. 그래서 저도 해보려고요. 1000만 원 규모의 사업을 세 번, 도전해보고 싶어요. 제가 생각해도, 설령 실패하더라도 그 과정이 재밌고 풍요로울 것 같아서요. 3000만 원이 작은 돈은 아니지만, 이 돈이 없다고 제 인생이 폭삭 주저앉을 만큼 엄청난 돈도 아니니까요.

우리는 돈 때문에 쉬지 못하고, 돈 때문에 도전하지 못하죠. 그럴 수 있어요. 하지만 돈도 결국 도구예요. 여러분에게도 이 도구를 이용해서 하고 싶은 무언가가 분명 있을 거예요. 망치를 위해 사는 목수가 있을까요? 이 망치로 무엇을 만들고 싶은가요? 그걸 잘 떠올려보길 바랍니다. 내가 감당할 수 있는 범위 안에서, 돈이라는 도구를 잘 활용하기를 바라요. 결국 우리에게 가장 제한적인 자원은 돈이 아니라 시간이라는 것, 우리가 결국 벌어야 할 것은 돈이 아니라 시간이라는 것을, 깊이 깊이 돌아보길 기원합니다.

반복과 성장 중에서는 둘 다 원해요. 저는 성장이란, 반복으로 완성된다고 믿거든요. 반복하다 보면 어느 순간 계단식으로 성장이 이루어져 있어요. 그 계단의 높이도 때마다 다르죠. 그래서 내가 얼마만큼 성장할지, 언제 성장할지 알 수 없어요. 하지만 분명한 것은 이거예요. 반복하고 반복하다 보면,

정말 거의 변한 게 없어 보이다가도 어느 순간 돌아보면 내 높이가, 혹은 내 넓이가 달라져 있더라고요. 나는 거의 알아차리지 못해도 오히려 주변 사람들이 먼저 알아차리더라고요. 주변 사람들이 "너 변했어"라고 말할 때쯤 깨닫죠. 아, 내가 성장했구나.

마지막으로 '-자'와 '-가' 중에서는 '-가'가 되고 싶어요. '-자'는 언제든 대체될 수 있는 사람이고, '-가'는 대체되기 어려운 전문가를 말하죠. 그리고 좀 더 욕심을 내본다면, 저는 전문가 중에서도 팬덤을 가진 전문가보다는, 전문가들에게 인정받는 전문가가 되고 싶습니다. 예를 들어 가수들의 가수, 배우들의 배우 같은 존재요. 말도 안 되는 터무니 없는 꿈이지만, 그런 삶을 꿈꿉니다. 한번 해보려고요. 안 되면 어쩔 수 없고요. 하지만 시도는, 실행은, 반복은 해보려고요. 여러분은 어떤 삶을 원하시나요?

4. 표현법과 배경지식

마지막 4단계입니다. 〈세일에서 건진 고흐의 별빛〉과 〈보리타작〉에 활용된 표현법을 살펴보면서, 마지막으로 이 시의 내용을 정리해보겠습니다.

먼저 〈세일에서 건진 고흐의 별빛〉에서 가장 멋지게 활용한 표현법은 의인법이에요. 의인법은 사람이 아닌 대상을 사람처럼 표현하는 거죠. 흉내 낸다는 뜻을 지닌 '의擬'라는 한자에 사람이라는 뜻을 지닌 '인人'이라는 한자예요. 그러니까 의인법은 '사람을 흉내 내는 표현 방법'이라는 뜻입니다. 예를 들어, '저 별들이 왜 환하게 노래하고 있죠?' 하는 구절이요. 별은 노래를 못 하니까요. 또 '편백나무 두 줄기가 서로 얼싸안고 붙어서 있다'거나 '별이 외로워한다'는 것도 모두 의인법이죠. 별과 나무를 사람처럼 묘사하고 있으니까요. 〈보리타작〉에서 '마음이 몸의 노예 되지 않았네'도 의인법입니다. 마음과 몸은 개념일 뿐인데, 마치 마음과 몸을 살아 있는 사람처럼 표현했어요.

직유법도 있습니다. 〈보리타작〉에서 '새로 거른 막걸리 젖빛처럼 뿌옇고'라는 구절이 있는데, '~처럼'을 활용해서 '막걸리(빛)'과 '젖빛'을 직접 비교했죠.

이 시들은 성취감에 대해 이야기합니다. 첫 번째 시에서는 고흐의 그림에 빠져드는 성취감, 두 번째 시에서는 보리타작을 하며 느끼는 성취감을 다뤘죠. 이 성취감을 시에서는 '빛난다'거나 '낙원'이라고 표현했습니다. 여러분에게 빛나는 삶, 낙원 같은 삶은 어떤 건가요? 여러분이 성취감을 느낄 수 있는 삶의 스타일은 무엇인가요? 이 수업이, 여러분이 자신의 삶을 고민하는 데 도움이 되었으면 좋겠습니다.

첫사랑

04

일방적인 사랑은 정말 사랑일 수 있을까?

〈첫사랑〉
고재종

 안녕하세요. '감정으로 시작하는 시 수업'입니다. 오늘 함께 공부할 감정은 '사랑', 그중에서도 '첫사랑'입니다. 첫사랑, 참 어렵죠. 처음이니까요. 그래서 더 안타깝고 애틋하고요. 그런데 고재종 시인은 첫사랑에 대해 좀 낯선 이야기를 합니다. 첫사랑은 어쩔 수 없이, 폭력적일 수밖에 없다고요. 이게 무슨 소리일까요?

우리는 처음 누군가를 사랑할 때 폭력적일 수 있어요. 일부러 그런 건 아닌데, 그렇게 될 수 있어요. 폭력이란 것이 상대방의 자율성을 부정하는 것에서 시작되는 것이라면, 그러니까 상대방이 스스로 선택할 수 있는 존재라는 것을 부정하는 것에서 시작되는 것이라면, 사랑은 자칫 폭력으로 흐르기 쉽고, 첫사랑은 그러기가 더 쉽다는 것이죠.

사랑이란 기본적으로 내게 좋은 것을 상대방과 함께하고 싶은 감정이에요. 그래서 내게 좋은 것을 상대방에게 권하게 되죠. 나의 좋음이 너의 좋음과 만나, 서로 좋음이 되길 원하는 것이죠. 상대방이 나의 좋음을 기꺼이 받아들이며 함께 좋아하면, 그것처럼 사랑스럽고 행복한 게 없죠. 그런데 그러지 않을 수도 있어요. 나의 좋음이 상대방에게는 좋음이 아닐 수 있거든요. 불편하거나, 불쾌하거나, 심지어 싫을 수도 있어요. 이때 거절당한 사람이 자신의 마음을 잘 다뤄야 하는데, 자칫하면 사랑으로 시작한 마음이 폭력으로 흐를 수 있다는 것이죠.

이런 상황과 감정을 안내해줄 시는 〈첫사랑〉이라는 시예요. 고재종 시인의 작품이죠. 그럼 시 수업, 시작하겠습니다.

첫사랑

흔들리는 나뭇가지에 꽃 한번 피우려고
눈은 얼마나 많은 도전을 멈추지 않았으랴.

싸그락 싸그락 두드려 보았겠지
난분분 난분분 춤추었겠지
미끄러지고 미끄러지길 수백 번,

바람 한 자락 불면 휙 날아갈 사랑을 위하여

햇솜 같은 마음을 다 퍼부어 준 다음에야

마침내 피워 낸 저 황홀 보아라

봄이면 가지는 그 한번 덴 자리에

세상에서 가장 아름다운 상처를 터뜨린다

1. 기본 내용 파악

시를 한 번 읽으면서, 기본적인 내용을 먼저 살펴보죠.

우선 겨울에 벌어진 일이네요. 겨울에 눈이 어떤 도전을 하고 있어요. 나뭇가지에 눈꽃을 피우는 일이었죠. 눈은 열심히 노력했어요. 정말 애썼어요. 한 번, 두 번… 열 번… 백 번…. 바람 한 번 불면 휙 날아갈 수도 있는 게 눈꽃인데, 그래도 상관없어요. 더 열심히 노력했어요. 그렇게 수백 번 다시 도전했더니 마침내 피워냈대요.

겨울이 지나 봄이 되었어요. 그런데 이상한 건, 꽃이 피어난 자리가 눈꽃이 피었던 자리라는 거예요. 근데 더 이상한 건, 그 자리는 흉측한 화상의 상처가 있던 자리라는 거예요. 그런데 더 더 이상한 건, 나뭇가지의 아름다운 꽃들이 알고 보니 모두 다 그 상처에서 터져 나온 것들이래요. 이게 대체 무슨 말일까요?

2. 깊고 넓은 이해

이 시의 주인공은 먼저 눈이에요. 눈의 입장에서 이 시를 읽어 보죠.

겨울에 눈이 내리는데, 눈은 목표가 있어요. 그건 눈꽃을 피워내는 거예요. 여러분 중에도 겨울에 눈꽃을 본 사람이 있을 거예요. 추운 겨울에, 잎이 다 떨어진 나무인데, 흰 꽃이 피어 있는 것처럼 보일 때가 있죠. 나뭇가지도 하얗게 변해 있고요. 가까이 가보면 꽃이 아니라 눈이 뭉쳐서 얼어붙어 있는 것이죠. 눈이 바람에 날리다가 나뭇가지에 쌓이고 뭉치고 얼어붙어서, 마치 나무에 피어난 하얀 꽃송이처럼 보이는 것이죠.

눈은 노력했어요. 눈꽃을 피워내기 위해 정말 많이 애썼어요. 눈은 나뭇가지에 다가갔어요. 나뭇가지에게 고백했어요. 첫 번째 도전은 당연히 실패했어요. 이미 각오한 일이었겠죠. 다시 다가갔어요. 역시 두 번째도 실패했어요. 아무렇지도 않았어요. 열 번 찍어 안 넘어가는 나무 없다는 말이 있잖아요? 그 말이 위로가 되었겠죠. 다시 고백했어요. 다시 거절당했죠. 계속 도전했어요. 네 번, 다섯 번, 여섯 번… 열 번, 50번, 100번…. 나뭇가지를 두드리고, 나뭇가지 앞에서 춤을 추고, 그래도 미끄러지고 거절당했지만 포기하지 않았죠. 그렇게 수백 번이 지나가는 중이었어요.

눈이 나뭇가지에게 퍼부은 것은 햇솜 같은 마음이었어요. 솜은 목화라는 식물에서 채취하는데, 목화 씨를 심어서 키우고 나면 나중에 열매가 터져요. 그 안에 하얀 솜털이 마치 거미줄 덩어리처럼 엉켜 있는데, 이것이 솜이에요. 이 솜을 모으고 꼬아서 실을 만들고, 이 실을 짜서 옷감을 만들고, 이 옷감을 자르고 꿰매서 옷을 만드는 것이죠. 그러니까 이 솜은 누군가를 보호하고 돌보고 따뜻하게 해주는 옷의 원료인 것이죠. 그런 솜 중에서도 햇솜이래요. 햇솜은 그해에 처음 거둔 솜을 말해요. 가장 하얗고, 가장 깨끗하고, 가장 순수한, 가장 처음의 솜인 것이죠.

그러니까 햇솜 같은 마음이란 상대를 보호하고 돌보고 따뜻하게 해주려는 마음, 그 마음 중에서도 가장 하얗고, 가장 깨끗하고, 가장 순수한, 그중에서도 태어나 처음 품은 '최초의 순수한 마음'인 것이죠. 그러니까 '첫.사.랑.'이요.

눈도 그 정도는 알고 있는 것 같아요. 자신의 사랑이 연약하다는 것을요. 바람 한 번 불면 획 날아갈 수 있다는 것을요. 나뭇가지에 바람이 불 수 있죠. 나뭇가지는 늘 바람에 흔들리니까요. 그 바람에 눈은 획, 나뭇가지에게서 떨어져 나갈 수 있죠. 그렇게 눈꽃은 허망하게 부서질 수 있죠. 그래도 눈에게는 상관없는 것 같아요. 단 한순간이라도 눈꽃을 피워낼 수 있다면, 그 하얗고 순수하고 순결한 나의 첫사랑을 피워낼 수 있다면, 그것만으로도 눈은 충분한 것 같아요.

그리하여 마침내 눈은 첫사랑에 성공합니다. 눈은 마침내 피워낸 것이죠. 그 자체로 황홀하게 느껴질 만큼, 황홀함으로 가득한 감정을 눈은 느낄 수 있었던 것이죠. 그런데 이상한 일이 벌어졌어요.

봄이 되었어요. 나뭇가지는 이곳에 남았지만, 눈은 이곳에 없죠. 이건 이상한 일이 아니에요. 겨울이 가고 봄이 오는 건 자연스러운 일이니까요. 한 사람이 한 사람을 사랑하는 것만큼이나, 한 사람이 한 사람을 떠나는 것도 우리 주변에 늘 있는 일이니까요. 그리고 나뭇가지에 꽃이 피었대요. 이 또한 별스러운 일이 아니죠. 봄에 나뭇가지에 꽃이 피는 것이 무슨 대단한 일이겠어요? 그런데 어? 이거 너무 이상해요. 자세히 보니 이건 진짜 이상해요. 스릴러도 이런 스릴러가 없어요.

아름다운 꽃들, 그들의 줄기를 따라 그들이 피어난 자리를 보니 이럴 수가, 그곳은 지난겨울에 눈꽃이 피었던 자리였어요. 그런데 그 자리는 나뭇가지에게는 흉측한 화상으로 남은 곳이었죠. 그러니까 눈이 황홀해했던 첫사랑이 나뭇가지에게는 상처로 남은 것이었어요. 그것도 흉터마저 끔찍한 화상의 상처로 말이죠. 겨울에서 봄으로 넘어오는 사이, 눈과 나뭇가지에게는 대체 무슨 일이 있었던 것일까요?

지금부터는 나뭇가지의 입장에서 이 시를 다시 읽어보죠.

추운 겨울, 나뭇가지는 조용히 겨울을 나고 있었습니다. 춥고 혼자였지만, 익숙한 일이기도 했을 거예요. 그때 눈이 다가왔어요. 눈은 다가와 사랑을 고백했죠. 나뭇가지는 침묵했을 거예요. 그런데 눈이 포기하지 않네요. 한 번 거절하고 두 번 거절해도 포기하지 않고, 두드리고 춤추고 미끄러지면서도 포기하지 않네요. 눈은 자신의 마음이 햇솜이라면서, 자신의 사랑은 순결한 첫사랑이라면서 50번, 100번을 거절했는데도 멈추지 않네요. 그렇게 거절이 쌓여가는 사이 그들의 만남도 쌓여갔고, 그들의 관계도 쌓여갔죠. 그것이 꽃처럼 보일 만큼 쌓이게 되자, 눈은 그렇게 결론을 내렸나 봐요. 이것이 꽃이라고. 자신이 눈꽃을 피워냈다고. 자신이 첫사랑에 성공했다고요.

그 사이에 나뭇가지가 무슨 말과 행동을 어떻게 했는지는 모르지만, 결과는 분명히 알아요. 눈이 황홀하게 여겼던 첫사랑이 나뭇가지에게는 화상처럼 끔찍하고 흉측한 상처로 남았다는 것이죠. 그러니까 눈의 첫사랑은 눈에게만 사랑이었을 뿐, 나뭇가지에게는 폭력이었던 것이죠.

'열 번 찍어 안 넘어가는 나무 없다'는 말도 나무의 입장에서는 그만큼 무서운 말도 없을 거예요. 한 번 찍힌 것도 괴로운데 열 번이나 찍혀야 한다면 그건 정말 너무나 끔찍한 일이죠. 단지 매력적이라는 이유로, 눈에게 매력적으로 보였다는 그 이유 하나로, 자신이 굳이 하지 않아도 될 거절을, 굳이 받지 않아도 될 불쾌를, 전혀 받지 않았다면 더 좋았을 아픔과 고통과 상처를 열 번이나 겪어야 할 수 있으니까요. 이것은 분명 폭력입니다.

눈의 입장에서는 억울할 수 있어요. 눈은 태어나 처음으로, 누군가를 보호하고 돌보고 따뜻하게 해주려는 마음을 나뭇가지에게 쏟아부은 것이었으니까요. 태어나 처음으로, 내게 좋은 것을 상대방에게 주고 싶은 마음이 들었으니까요. 이런 마음이 사랑 아닌가요? 이 사랑이 어떻게 상대방에게 상처가 될 수 있죠?

그런데 그럴 수 있어요. 사랑은 폭력이 될 수 있어요. 사랑은 기본적으로 나의 좋음을 상대와 함께하려는 마음이죠. 그래서 내게 좋은 것을 상대에게 주었는데, 상대방은 그게 좋지 않을 수 있어요. 자연스러운 일이죠. 나는 너가 아니고, 너는 내가 아니니까요. 내가 너를 사랑하게 된 것도 근본적으로, 너는 내가 아니기 때문이죠. 서로 타인이고, 서로 살아온 시간과 공간이 다르기 때문이죠. 그래서 당연히, 내게 좋은 것이 상대에게 늘 좋을 수는 없어요. 이런저런 사람을 겪다 보면, 이런저런 사랑을 나누다 보면 자연스럽게 알게 되는 일인데, 사랑을 처음 시작할 때는 이게 도무지 받아들여지지 않죠.

처음이니까요. 나의 감정과 타인의 감정을 함께 다뤄본 것이 처음이니까요. 내게 좋은 것을 상대에게 기꺼이 주고 싶다는 마음도 처음이고, 그 마음이 거절당할까 두려워한 것도 처음이고, 그 두려움에 떨면서도 고백을 감행한 것도 처음이고, 마침내 내게 좋은 것을 상대에게 건넨 것도 처음이니까요. 내가 좋으면 상대방도 좋을 줄 알았죠. 그런데 내게 좋은 것을 상대가 좋아하지 않을 수 있다는 게, 불편할 수 있다는 게, 심지어 괴로울 수도 있다는 게 도무지 이해가 안 가죠.

이런 거절을 당하고 나면 처음에는 미안하다가, 조금 지나 서운하고 속상하다가, 시간이 더 지나면 의심이 들죠. 나를 사랑하는 거 맞아? 그렇게 의심이 단단해지면 배신감이 들죠. 그러다 화가 터져 나옵니다.

이 감정을 서로 잘 해소하지 못하고 더 단단히 굳어지면, 결국 상대에게 강요하게 됩니다. 내게 좋은 것은 너도 좋아야 해. 내게 좋은 것을 네가 좋아하지 않는 것은 네가 잘못한 거야. 이렇게 상대방을 비난하고 공격하게 되죠. 이것은 근본적으로 상대방의 자율성을, 상대방의 주체성을, 상대방이 나와 다른 취향이 있고 나와 다른 선택을 할 수 있는 존재라는 걸 부정하는 것이죠. 그렇게 폭력이 시작됩니다.

겨울에서 봄으로 넘어오는 동안, 나뭇가지는 이곳에 남고 눈은 이곳을 떠나기까지, 눈과 나뭇가지 사이에 이떤 일이 있었는지에 대해 이 시는 더 이야기해주지는 않아요. 다만 이 부분에서 눈여겨 읽어야 할 질문이 있어요.

눈꽃과 봄꽃은 같은가요? 다른가요? 다르다면, 뭐가 다르죠? 눈꽃은 꽃이 아니에요. 꽃처럼 보이지만 꽃은 아니에요. 눈에게는 황홀한 꽃이었겠지만, 진짜 꽃은 아니에요. 그러니까 이 시에서 눈을 사랑의 은유라 한다면, 눈의 첫사랑은 진짜 사랑은 아니었던 것이죠. 눈에게는 너무도 황홀해서 정말 사랑처럼 보였겠지만, 나뭇가지에게는 잊고 싶어도 잊을 수 없는 흉측한 상처의 고통이었을 뿐이죠. 그러니까 눈의 사랑은 눈에게만 사랑으로 보였던, 일방적인 사랑이었어요.

나뭇가지에게도 눈과의 관계는 첫사랑이 아니었을까요?

완벽하지는 않더라도 사랑을 시도했던 첫 번째 경험으로서의 첫사랑이요. 사실 그런 일방적인 관계를 사랑이라 부를 수는 없겠지만, 나뭇가지에게도 이 관계는 사랑을 이뤄보려는 첫 번째 시도였을 수 있어요. 그런데 실패했죠. 그건 먼저 일방적이었던 눈의 책임이겠지만, 나뭇가지에게도 아쉬움이 없는 건 아니죠.

눈이 수백 번 도전하는 동안 나뭇가지는 충분히 단호하게 거절하지 못했을 수 있어요. 그럴 수 있죠. 나뭇가지에게도 이런 관계가 처음이었다면, 그럴 수 있죠. 나뭇가지는 눈만큼 확신이 없는데도, 눈만큼 황홀하지 않은데도, 수백 번 다시 도전하는 눈의 열정에 끌려간 것일 수도 있죠. 그리고 결국 끔찍한 상처를 겪었죠.

그럼 이제 어떻게 해야 할까요? 첫사랑이 끔찍한 상처로 남은 나뭇가지는 이제 어떻게 살아야 할까요? 고통 속에서 눈을 원망하며, 또는 자신을 책망하며 살아야 할까요? 온몸에 화상 자국이 가득한 채로, 절망 속에 흉측한 흉터를 드러낸 몸으로, 계속 그렇게 살아야 할까요? 이제 나뭇가지는 아름다워질 수 없는 것일까요?

여기에서 주목해야 할 것은 봄꽃이에요. 봄꽃이야말로 진짜 꽃이죠. 봄에 피어난 꽃, 나뭇가지가 피워낸 꽃, 꽃처럼 보이는 게 아니라 진짜 살아 숨 쉬는 꽃, 그 꽃은 봄꽃이죠. 그러니까 나뭇가지가 피워낸 꽃이 진짜 사랑인 것이죠. 여기에 우리가 눈여겨 읽어야 할 두 번째 질문이 있어요. 이 꽃은, 이 진짜 사랑은, 어떻게 피어날 수 있었던 것일까요?

봄꽃은 나뭇가지가 혼자 피워낸 것이에요. 눈과 함께 피워낸 것이 아니죠. 나뭇가지가 혼자 자신의 상처에서, 그 흉측하고 끔찍해서 다시 보는 것도 괴로운 상처에서 피워낸 것이죠. 상처를 통과해야 성장이 가능합니다. 상처를 통과해야 아름다움이 가능해요. 나뭇가지가 피워낸 그 어떤 아름다움도 상처를 통과하지 않은 것은 없어요. 그리고 그 아름다움은 나뭇가지가 자신의 내부에 가지고 있던 것이에요. 누가 강제할 수도 없고, 누가 도와줄 수도 없어요. 이것을 해내려면 먼저, 상처를 받아들여야 해요.

상처는 분명 고통스러운 것이지만, 상처에도 좋은 점은 있죠. 상처가 가진 좋은 점 중에 하나는 단단한 표면에 균열을 일으킨다는 거예요. 그래서 겉으로는 나조차도 알 수 없었던 나의 내면을 알아낼 수 있다는 것이죠. 그건 분명 고통스러운 일이지만, 다른 한편으로 내 안에 있는 진짜 나를 알아볼 수 있는 기회이기도 해요.

얼굴만 예쁘고 잘생기면 다 좋을 줄 알았죠. 키만 크면, 몸매만 예쁘면, 돈만 많으면, 성격만 좋으면, 마음만 착하면, 순수하기만 하면 다 좋을 줄 알았죠. 하지만 아니에요. 내가 정말 원하는 사랑은 그렇지 않을 수 있어요. 그러니까 내가 진짜로 원하는 것이 무엇인지, 내가 진짜로 욕망하는 것이 무엇인지 하는 것들이요. 그것은 자기 욕망의 끝까지 가보아야 분명하게 알 수 있는 것이기도 해요. 욕망을 끝까지 밀어붙여야 겨우 알 수 있는 것이기도 해요.

그렇게 봄꽃이 피어납니다. 나의 상처를 통해 나의 내면이 드러납니다. 단단한 외면 아래 있던 진짜 나의 욕망을, 나의 욕구를, 나의 바람을, 상처를 통해 내 밖으로 내밀어 살랑살랑 바람을 맞으며, 따사로운 햇살을 받으며 건강하게 살아갈 수 있게 하는 것이죠. 그들을 우리는 '꽃'이라고 부릅니다.

3. 공감, 추론, 비판, 상상

지금부터는 이 시에 대한 여러분의 생각을 나눠보고 싶어요. 이 시가 전하는 상황과 감정과 메시지를, 이 시를 바탕으로 해서 개인적으로, 역사적으로, 사회적으로 더 깊고 넓게 추론해볼 수 있죠. 그렇게 도착한 결론이 있을 거예요. 그 결론에 공감할 수도 있어요. 그런 상황이면 그런 감정이 느껴질 수 있겠다, 그러면 그런 메시지를 전할 수 있겠다 하고 공감할 수도 있죠. 하지만 무조건 공감할 이유는 없어요. (중략) 여러분과 함께 나눌 질문은 다음과 같아요.

1. 일방적인 사랑은 사랑일 수 있을까요? 당신은 일방적인 사랑을 한 적이 있나요? 그건 사랑이었을까요? 사랑이란 무엇인가요?

2. 상대의 마음에 변화가 없는 상황에서 나의 사랑은 사랑일 수 있을까요? 당신은 상대에게 고백을 했는데도 상대의 마음에 변화가 없는 상황에도 상대를 사랑한 적이 있나요? 그건 사랑이었을까요? 사랑이란 무엇인가요?

3. 상처는 아름다울 수 있을까요? 당신에게는 아름다운 상처가 있나요? 어떤 상처인가요?

4. 제목이 '첫사랑'인 이유는 무엇일까요? 당신은 첫사랑을 해보았나요? 당신의 첫사랑은 정말 사랑이었을까요? 사랑이란 무엇인가요?

5. 나뭇가지의 입장에서 눈꽃은 사랑일까요? 당신은 나뭇가지의 경험을 해본 적이 있나요? 그때 당신은 사랑받고 있었다고 생각하나요? 사랑이란 무엇인가요?

6. 눈의 입장에서 봄꽃은 사랑일까요? 당신은 눈의 경험을 해본 적이 있나요? 그때 당신은 사랑을 주었다고 생각하나요? 사랑이란 무엇인가요?

7. 눈꽃과 봄꽃 중에서 진정한 사랑은 무엇일까요? 당신은 눈꽃 같은 사랑을 한 적이 있나요? 당신은 봄꽃 같은 사랑을 한 적이 있나요? 지금 생각은 어떤가요?

1. 질문 2개 선택해서 댓글 쓰기
2. 노래 추천

저는 질문 하나를 선택해서 제 감정에 대해 이야기해보겠습니다. 제가 선택한 질문은 1번입니다.

"일방적인 사랑은 사랑일 수 있을까요? 당신은 일방적인 사랑을 한 적이 있나요? 그건 사랑이었을까요? 사랑이란 무엇인가요?"

저는 일방적인 사랑은 사랑이 아니라고 생각합니다. 제가 생각하는 사랑이란 '1과 1이 만나서 더 큰 1과 1이 되는 것'이에요. 이것은 프랑스의 철학자 바디우가 한 얘기죠. 대개 사람들은 사랑을 이렇게 표현해요. '너와 내가 만나서 하나가 되는

271

거야.' 그러니까 사랑이란 1과 1이 만나서 1이 되는 것이라고요. 이런 인식이 우리 주변에 참 많죠. 그것을 이상적으로 여기는 사람도 많고요.

바디우라는 철학자는 이것에 반대합니다. 왜냐하면 1과 1이 만나 1이 되게 하려는 시도는 결국, 더 강한 1이 더 약한 1을 지배하게 만들기 때문이죠. 이것은 서열을 만들고, 우열을 만들고, 지배와 피지배를 만듭니다. 이것은 자연스럽게 폭력으로 이어지고요.

이러한 과정이 반복되는 이유는 근본적으로 전제가 잘못되었기 때문입니다. 나와 너는 1과 1이 아니에요. 나와 너는 같지 않은데, 나와 너를 모두 1이라고 전제하는 것부터 오류라는 것이죠. 독립성을 가진 두 존재가 하나처럼 존재하려면, 결국 한 존재가 명령하고 다른 한 존재가 그것을 따를 수밖에 없어요. 두 사람의 관계에서 조금이라도 우위를 가진 강한 사람이 결국은 자기보다 약한 사람에게 자신과 같아지기를 요구하게 되죠. 우리는 하나여야 하니까요.

그렇다면 사랑이란 어떤 관계여야 할까요? 바디우의 대답은 이렇습니다. '사랑이란 하나와 하나가 만나서, 더 아름다운 하나와 더 아름다운 하나가 되는 것이다.' 두 존재가 만나 서로를 성장시키고, 서로를 더 아름답게 행복하게 만들어가는 관계, 그런 관계가 사랑이라는 거죠. 그러니까 상대방을 나와 똑같이 만드는 건 사랑이 아니에요. 사랑이란 당신을 당신답게, 당신다운 모습으로 살아갈 수 있도록 서로 돕고 지원하며 응원하는 관계인 것이죠.

그래서 제가 정말 이 시를 통해 전하고 싶은 얘기는 이것이에요. 첫사랑에게만큼은 조금은 더 관대해졌으면 좋겠어요. 누군가가 처음으로 사랑을 시작하다 보면 대부분 일방적일 수 있고, 그것이 상대방을 불쾌하고 불편하게 만들 수 있다는 것을 우리 모두 이해하고 공유하자는 것이죠. 물론 그렇다고 해서, 상대방의 일방적인 폭력을 받아들이라는 것은 절대 아니에요. 폭력에 대해서는 우리 모두 단호하게 거절해야죠. 하지만 누군가의 사랑이 첫사랑이라면, 우리가 일반적인 폭력을 대할 때와는 다르게 조금은 더 배려해주자는 거죠. 그래서 만약 내가 누군가를 처음으로 사랑하게 되었다면, 혹시 나의 사랑이 일방적이지 않은지, 폭력적이지 않은지 돌아보자는 것이죠. 혹은 내가 누군가에게 불쾌함이나 불편함을 당했다면, 그의 그 마음이 처음이어서 그런 게 아닌지, 서툴러서 그런 게 아닌지 헤아려보자는 것이죠. 그리고 가능하면 부드러우면서도 단호하게 경고를 해주었으면 하는 거죠. 예를 들면 이렇게요.

"네가 처음으로 사랑을 이루려는 상황이어서 이렇게 표현하는 것 같은데, 처음이라 그럴 수 있다고 생각하지만, 내가 받아들일 수 있는 건 여기까지야. 그만해줘. 난 사랑이란 서로 행복한 것이라고 생각해. 그런데 너는 행복할지 몰라도 난 행복하지 않아. 그리고 앞으로도 행복할 거 같지 않고. 너만 행복하고 나는 행복하지 않은 건, 이건 사랑이 아니야. 여기에서 멈췄으면 좋겠어. 부디 다른 좋은 사람 만나기를 바랄게. 이게 내 솔직한 마음이야."

가능한 한 친절하게, 하지만 분명하게, 처음으로 사랑을 시작한 이 사람이 자신의 상황과 감정과 위험을 명확하게 이해할 수 있도록 한 번 더 배려해주는 것이 우리 모두에게 필요하지 않을까 하는 생각입니다.

4. 표현법과 배경지식

마지막 4단계입니다. 〈첫사랑〉에 활용된 표현법을 살펴보면서, 마지막으로 이 시의 내용을 정리해보겠습니다.

먼저 이 시에서는 의인법을 사용했어요. '흔들리는 나뭇가지에 꽃 한번 피우려고 눈은 얼마나 많은 도전을 멈추지 않았으랴', 여기에서 눈은 생각하거나 움직일 수 없는 그냥 자연물인데, 마치 인간처럼 그런 일들을 해내는 존재로 표현했죠.

두 번째, 설의법을 사용했어요. 설의법이란 마치 질문하는 것처럼 표현하는 거예요. '설設'은 '설정하다'라는 뜻이고, '의疑'는 '질문'이라는 뜻이죠. 그러니까 설의법은 글쓴이가 이미 알면서도 모르는 듯이 질문 형식을 통해 강조하는 표현법이에요. 이 시에서 '눈은 얼마나 많은 도전을 멈추지 않았으랴'라는 구절은 독자에게 질문을 하는 것처럼 문장을 마치고 있죠. 그런데 이것은 실제로 물어본 게 아니라, 묻는 것처럼 표현해서 이 문장을 더 강조하는 거예요.

직유법도 쓰였어요. '햇솜 같은 마음'이라고 했죠. '~같은, ~처럼, ~듯이' 이런 말을 쓰면서 직접 비유하는 것이 직유법이죠.

역설법도 쓰였어요. '가장 아름다운 상처'라는 말은 역설법이에요. '역逆'은 '부딪히다, 거슬러 올라가다'라는 뜻이고, '설說'은 '말'이라는 뜻이죠. 그러니까 역설법이란, 서로 다른 것들을 부딪히게 하는 표현법이에요. 동시에 존재할 수 없을 것 같은 서로 다른 감정을 동시에 놓음으로써, 그 감정들이 부딪혀서 더 깊고 넓은 감정을 표현하는 방법이죠. 좀 더 예를 들어볼게요.

우리에게 익숙한 일반적인 논리의 세계에서는 플러스 5와 마이너스 5를 더하면 0이 되죠. 그러니까 기쁨의 감정이 5이고 슬픔의 감정이 5라면, 이 두 감정을 모두 느끼는 사람의 감정은 0인 상태라고 할 수 있죠. 실제로도 그럴 수 있어요. 오늘 아침에 일어날 때는 영 컨디션이 안 좋아서 불쾌했는데, 사랑하는 사람과 맛있는 아침을 먹으면서 그 불쾌함이 다 사라질 수 있잖아요. 그런데 그러지 않을 수도 있어요. 오히려 기쁨의 감정 5와 슬픔의 감정 5가 만났더니, 기쁨의 감정과 슬픔의 감정이 5제곱, 10제곱이 될 수도 있어요. 아직도 어렵죠? 구체적인 작품을 예로 들어볼게요.

정지용 시인의 〈유리창〉이라는 시에 '외로운 황홀한 심사'라는 표현이 있어요. 죽은 아이를 추억하다가 외로움을 느꼈는데, 그 외로움이 깊어지다 보니 눈앞에 보이는 아이의 흔적이 다시 아이를 만나는 듯한 환영을 보여주는 것이죠. 시 속의 나는 이 과정에 황홀함을 느낍니다. 하지만 이 황홀함이 깊어질수록 이곳에 있는 것은 아이의 흔적일 뿐 결국 아이의 죽음이라는 현실을 다시 알아차리고 나면, 아이를 잃은 외로움은 더 깊어지죠. 이렇게 외로움과 황홀함이 서로를 더 증폭시키면서, 두 감정은 상쇄되는 것이 아니라 더 깊고 짙어집니다.

다시 〈첫사랑〉이라는 시로 돌아와 보면, 시인은 '아름다운 상처'라고 표현했죠. 아름다움은 대개 플러스의 감정이고, 상처는 대개 마이너스의 감정을 동반한다고 할 수 있어요. 나뭇가지에게 첫사랑의 상처는 화상과도 같은 고통이죠. 그런데 이 상처가 깊을수록, 이 상처가 많을수록, 나뭇가지에는 더 많은 꽃이 피어요. 그것이 나뭇가지를 더 아름답게 하죠. 아름다움은 분명 나뭇가지에게는 무척이나 자랑스럽고 뿌듯한 일일 거예요. 하지만 더 아름다워지려면 더 상처받아야 하고, 계속 아름다워지려면 계속 상처받아야 해요. 아름다움이란 결국 내가 행복해지기 위한 것인데, 그것을 위해 나는 불행해져야 하는 것이죠. 역설입니다.

첫사랑의 과정과 폭력을 섬세하게 담아낸 시 〈첫사랑〉. 고재종 시인의 이 시가 여러분에게는 어떠셨나요? 부디 여러분이 행복한 사랑을 만들어가는 데 이 시가, 이 수업이 조금이나마 도움이 되었으면 좋겠습니다.

견디는 마음

05

수업 라이브

폭격 같은 삶,
도망치고 싶은
17세

〈청산별곡〉

〈가자 모놀로그〉

경기국어교사모임 선생님들과 이런 대화를 나눈 적이 있다. 외고에서 오래 근무하다가 중학교로 발령받은 한 선생님은, 오랜만에 중학교에 가보니 학생들이 어휘를 잘 몰라서 작품의 내용 자체를 이해하는 데 어려워하는 모습이 당혹스러웠다고 했다. 그 자리에 있던 모든 선생님이 크게 공감했다. 또 1990년대생 학생들이 일제강점기 문학에 대해 느끼는 거리감보다, 2000년대생 학생들이 1990년대 작품에 대해 느끼는 거리감이 더 크다는 얘기도 나왔다. 왜 이런 현상이 발생하는 것일까?

그 자리에서 우리는 잠정적으로 이런 결론을 내렸다. 학생들이 공유하는 배경지식이 너무나 개별화되어 있기 때문이 아닐까라고. 신문과 TV가 주된 매체였던 시절에는 학생이나 교사가 함께 공유하는 내용 요소가 있었다. 선생님이 소설 속 한 장면을 인기 있는 드라마 장면에 비유해 설명하면 모두가 그 장면을 손쉽게 이미지화할 수 있었으니까. 시대가 공유하는 장면들이 존재했던 시절이다.

2024년 1학기에 고등학교 1학년 학생들과 윤흥길 작가의 중편소설 〈장마〉를 함께 읽어 내려갈 때, 학생들이 그 이데올로기적 갈등을 제대로 이해하지 못해 수업을 중단한 적이 있다. 그래서 한 차시를 따로 마련해 한국전쟁의 발발 과정과 이를 둘러싼 세계정세에 관한 수업을 먼저 진행했다. 이데올로기 갈등만이 아니다. 한민족이라면 쉽게 공유할 수 있는 샤머니즘에 관한 이해도 부족했다. 쇼츠가 아니면 영상조차 잘 보지 않는 청소년 세대의 문제인 걸까? 아니면 코로나19의 영향일까? 교과서에 담긴 문학작품이 학생들의 삶과 너무 동떨어지게 된 것일까?

무엇이 답인지는 잘 모르겠지만 적어도 확실한 것은, 예전에 비해 지금의 교사들은 수업을 위한 비계를 설치하는 데 더 많은 시간을 들여 더 세밀하고 단단한 계단을 만들어야 한다는 점이었다. 이에 대해 김병섭 선생님은 이런 얘기를 들려주셨다.

"분명 요즘 학생들은 슈퍼 콘텐츠에 익숙하고, 과거 학생들보다 배경지식이 부족해요. 어휘력이 아주 편향돼 있다는 것도 맞는 말이고요. 다만 우리가 만난 학생들의 단점만 보자면 그렇다는 거죠. 저는 학생들이 지닌 장점에 주목했으면 합니다. 지금 학생들은 정보에 대한 능동성이 뛰어난 세대예요. 그러니 더 이상 교사나 교과서의 권위에 기대어 작품을 가르쳐서는 안 된다고 생각해요. 즉 콘텐츠에 더욱 집중해야 한다는 거죠. 학생들이 왜 〈장마〉를 배워야 하는지, 왜 〈동백꽃〉을 배워야 하는지 생각해야 해요. 이제 교사의 역할은 작품 속에서 학생들의 삶의 경험과 연결되는 지점을 찾아내는 거예요. 학생들의 경험이 일종의 거대한 비계가 되는 것이죠."

여름방학이 끝나고 2학기에는 세 학급에서 고전문학 수업을 해야 했다. 읽는 것만으로도 버거운 고전문학에서 학생들의 삶에 와닿는, 학생들의 마음속 어딘가에 콕하고 닿을 무엇인가를 찾아낼 수 있을까? 고려가요 〈청산별곡〉과 17세 청소년의 공통점은 대체 무엇일까? 고민이 깊어지던 시간, 우연히 전국국어교사모임과 사회학자 엄기호 교수(청강문화산업대학교)가 함께 주최한 '연극' 연수에 참여하게 되었다. 그리고 그곳에서 〈가자 모놀로그〉를 만났다.

가자 지구의 피난민과
대한민국 청소년들

〈가자 모놀로그〉는 팔레스타인 가자 지구에 사는 10대 청소년 31명이 겪은 이야기를 독백 형식으로 엮어낸 글이다. 아슈타르 극장은 전 세계에 각국의 언어로 번역된 〈가자 모놀로그〉를 '국제 팔레스타인 연대의 날'에 낭독하며 가자 지구와 연대하기를 요청했다고 한다.

연수에서는 팀을 이루어 〈가자 모놀로그〉를 읽고, 가자 지구 청소년 한 명 한 명의 이야기를 낭독하며 발표하는 시간을 가졌다. 수빈 샘은 이야기의 주인공이 느꼈을 분노를 표출하며 낭독했고, 보미 샘은 누가 들을까 두렵다는 듯이 속삭이는 목소리로 낭독했다. 반면 나는 굉장히 버석하고 담담한 목소리로 낭독했다.

"윤형 샘답지 않게 왜 이렇게 차갑게 낭독하는 거야. 어떤 의도가 포함된 연출인 거야?"

"음…. 내가 만약 이 이야기를 쓴 청소년의 상황이라면, 난 이 지옥 같은 상황이 왜 발생했는지 궁금해하거나 분노를 표출하지 않았을 거 같아. 물론 처음에는 두려워했겠지만, 몇 년 동안 이어지는 폭격에서 어떤 감정도 느끼지 않기 위해 마음을 닫아놓았을 거 같아. 열다섯 살의 나는 그랬거든."

마음이 아픈 아이들을 떠올릴 때면 난 언제나 청소년 시절의 '나'로 돌아간다. 나의 학창 시절은 크고 작은 '폭격'으로 가득했다. 중학교 2학년 시절, 점심시간이면 급식도 굶고 언제나 도서관으로 도망치듯 내려가 책장 사이에 쭈그리고 앉아 책을 읽었다. 그게 무슨 책인지는 중요하지 않았다. 내게 필요했던 것은 나를 괴롭히는 급우들이 없는 공간이었고, 내가 집중할 수 있는 무엇이었다. 쉬는 시간에는 바깥 소리를 차단하기 위해 이어폰을 꽂고 수업 필기를 정리하거나 책상에 엎드려 자는 척을 했다. 눈을 감고 이 시간이 얼른 끝나기를, 그리고 눈을 떴을 때 아무도 없기를 바랐다. 당시에는 괴롭고 힘들다는 생각보단 이 시간이 빨리 끝났으면 좋겠다는 생각뿐이었다. 그렇게 열다섯 살의 나는 수군거림과 비난 어린 시선이라는 폭격을 견디기 위해 감정의 선을 잘라놓았던 것이다.

가자 지구의 청소년들은 어떤 마음으로 폭격을 견뎠을까? 그들이 겪은 폭격에 비하면 내 경험은 정말 아무것도 아니지만, 그래도 그들이 어떤 마음으로 이 글을 썼을지 조금은 알 수 있을 것 같았다. 그런데 내가 정말 이들의 고통에 공감한다고 '감히' 말해도 되는 것일까? 이 까끌거림을 꼭 끌어안은 채 2학기 수업을 준비하게 되었다.

〈청산별곡〉과 17세의 나

'감정으로 시작하는 문학 수업'을 고전 작품으로 진행해보기로 했다. 교과서를 뒤적이며 〈청산별곡〉 수업 자료를 만들다가 문득 '돌'이라는 단어가 눈에 들어왔다. 〈청산별곡〉은 속세에 지친 화자가 이상향인 청산靑山을 꿈꾸다가, 그 청산에서도 행복을 찾지 못해 바다로 떠나지만 끝내 진정한 이상향에 도달하지 못하며 체념하는 작품이다. 지금까지는 이 작품을 수업할 때마다 작품 속 화자를 '미워할 이도, 사랑할 이도 없어서 우는 운명적 비애에 갇힌 존재'라고 앵무새처럼 읊어대곤 했는데, 이제 아이들의 '감정'에 초점을 맞추니 작품 속 화자가 교실에서 만나는 학생들처럼 느껴졌다.

우리 아이들도 이처럼 미워할 사람도, 사랑할 사람도 없이 외롭게 홀로 있는 시간이 있었겠지. 누가 던진 것인지 모를 돌에 맞아 아파하며 상처를 안고 우는 순간이 많았겠지. 그리고 청산과 바다로 도망치고 싶었던 순간은 얼마나 많았을까? 피할 수 없는 고통을 마주한 화자가 느꼈을 괴로움, 그 고통에서 벗어나고자 하는 마음, 그리고 결국 실패해서 좌절하는 마음…. 이는 시대를 뛰어넘어 지금 대한민국에서 살아가고 있는 우리 아이들도 너무나 잘 아는 감정이 아닐까.

우리는 모두 고통 속에서 무엇인가를 견뎌본 경험을 지니고 있다. 도망치고 싶지만 도망치지 못하는 막막한 상황에서 그 고통을 견디는 일은 어쩌면 우리 사회에서 아주 익숙한 일인지도 모른다. 그렇게 생각하자 학생들이 〈청산별곡〉의 화자에게도 잘 공감할 수 있을 거란 확신이 들었다. 그리고 그러한 공감이 가자 지구의 청소년들과도 이어질 수 있겠다고 생각했다. 어딘가로 도망치고 싶은 마음. 21세기 대한민국의 17세 청소년들은 고려시대에 괴로운 현실에서 벗어나기 위해 '청산'을 찾아 떠난 이들의 마음도 헤아릴 수 있고, 동시대 팔레스타인 가자 지구 청소년들의 이야기에도 귀 기울이며 연대할 수 있는 존재였다.

'도망치고 싶었던' 나를 위로하기

'어디론가 도망치고 싶었던 경험' 또는 '고통 속에서 무엇인가를 견뎌본 경험'이 있나요? 그렇다면 17세의 '나'가 그때의 '나'에게 보내는 편지를 써봅시다. 왜 그때의 '나'는 그 상황을 피하고 싶었을까요? 그때의 '나'의 심정은 어땠을까요?

첫 수업에서 이렇게 포문을 열면 학생들이 금세 마음을 열 것이라 기대했다. 학생들에게 삶의 곳곳에 존재하는 '폭격'에 대해 이야기해주고, 그런 경험이 있는지 물어보았다. 그렇게 '나'를 위한 편지 쓰기는 시작되었다.

그러나 언제나 그렇듯 첫 수업은 망하고야 마는 것이었다. 아이들은 어른들이 생각하는 것보다 훨씬 더 자신에게 엄격한 모습을 보인다. 편지 쓰기로 학생들의 감정선에 닿고자 하였으나, 실제로 학생들이 한 행동은 과거의 자신을 힐난하고 비난하는 일이었다. 이번 기회에 자신의 아픈 과거를 보듬어주길 바랐는데, 늘 남 탓만 하는 아이들조차 정작 편지에서는 '그랬으면 안 되었다' '도망쳐서는 안 되었다' 등 자신을 질책하는 내용이 주를 이루었다.

학생들의 편지를 읽으며 마음이 짠했다. 동시에 학생들의 마음을 열기 위해선 구체적인 예시가 필요함을 깨닫게 되었다. 다른 두 학급에서만큼은 학생들이 자기 자신을 보듬어줄 수 있기를 바라며, 비장하게 학생들 앞에 나서서 나의 학창 시절 폭격을 고백했다. 그리고 이렇게 덧붙였다.

"선생님도 얼마 전까지만 하더라도, 누군가가 나를 미워하는 것 같으면 '내가 뭘 잘못해서 날 싫어할까?' 하고 원인을 나에게서만 찾으려고 했거든? 그런데 선생님이 정말 좋아하고 존경하는 선생님이 '너를 미워하지 마'라고 조언해주셨어. 사람들은 종종 자기 자신을 미워하고 싫어하는데, 이게 가장 쉬운 방법이라서 그런 거래. 아프고 힘들었지만, 지금까지 그 힘듦을 견뎌낸 자기 자신을 기특해하고 예뻐해주었으면 좋겠어. 물론 우리가 자신을 돌아보고 성찰해야 하는 것도 맞지만, 모든 문제가 자신에게 원인이 있는 건 아니거든. 선생님도 아주 가끔은 삶이 예기치 못한 사고처럼 느껴질 때가 있어. 내가 잘못하지 않았는데도 외부에서 내게 큰 상처를 입히는 경우가 있지. 그때 스스로에게 '왜 하필 내가 그곳에 있어서 이런 일을 당하는 거야?'라고 질책하기보단 '사고로 인해 다쳤고, 회복을 위해 오랜 시간을 썼지만 결국에는 다시 앞으로 걸어가는 나'에게 사랑한다는 말을 해주었으면 좋겠어."

학생들은 교사의 긴 자기 고백을 들으며 자신의 이야기를 써 내려갔다. 몇몇 학생은 눈물이 그렁그렁 맺힌 눈으로 글을 쓰기도 했다. 근래 친구 문제로 힘들었지만 씩씩하게 다시 학교생활에 성실히 임하는 자신을 도닥여주는 학생도 있었고, 부모님의 기대와 실망으로 인해 무너져가던 고등학교 첫 학기를 회고하며 자신을 위로해주는 학생도 있었다. 가족 이야기, 친구 이야기, 그리고 어디에도 속하지 못하고 부유하는 자기 자신의 이야기들이 서걱이는 샤프펜슬 소리와 함께 쌓여갔다. 5분 동안 돌아보고 10분 동안 글을 쓰고자 하였으나, 스스로를 감싸는 데 15분은 부족했다. 학생들이 넉넉하게 쓸 수 있을 만큼 기다려주었다.

수업을 마치고 교무실에서 학생들의 글을 읽어보았다. 밝게만 보이던 너희에게 이런 아픔이 있었나. 고통의 시간을 견딘, 그리고 지금도 견디고 있는 17세 아이들이 거기 있었다. 귀한 마음으로 쓴 귀한 글을 귀하게 읽는 시간이었다. 내가 국어 교사라는 이유로 이렇게 진솔한 이야기를 들려주는 학생들의 순수함이 묵직하게 다가왔다. 짧게라도 답장을 써줄까 싶었으나, 학생들이 이미 자신을 위로한 터에 교사의 위로는 굳이 더하지 않아도 될 것 같았다. 다만 종이 끄트머리에 작게 응원의 하트를 그려서 되돌려주었다.

물리적 폭격 속에 사는 이들의 삶 들여다보기

이제 학생들의 경험을 가자 지구의 물리적 폭격과 연결해 이야기할 시간이었다. 먼저 학생들에게 기사 하나를 소개했다. 생후 3일 된 쌍둥이 남매가 아버지가 출생증명서를 받으러 간

사이에 공습을 받아 엄마와 함께 사망했다는 기사였다. 기사에는 현재 이스라엘의 공격으로 4만 명에 가까운 팔레스타인인이 사망했으며, 그중 어린이는 신생아 115명을 포함해 1만 6500명이 넘는다고 적혀 있었다.

기사를 함께 읽어가며 폭격 속에서의 삶이란, 일상과 전쟁 상황이 구별되지 않는 시간 속을 살아가는 것이라 이야기했다. 삶과 죽음의 경계가 흐릿하고, 삶이란 필연이 아닌 우연이며, 물리적 공간만이 아니라 역사의 뿌리마저 파괴하는 전쟁이라는 행위에 무차별적으로, 무자비하게 노출된 사람들이 지금 이 순간 지구 저편에 존재한다고 설명했다. 지금까지 전쟁이나 소수자에 관한 이야기를 수업에서 다룬 적은 많았으니, 학생들의 반응이 이토록 진중한 태도를 보여주는 건 무척 오랜만이었다.

이제 시대를 훌쩍 뛰어넘어 같은 공간의 다른 시간대로 간다. 거의 천 년 전의 작품에서도 21세기의 우리 학생들이 공감할 수 있을까? 첫 수업 시간에 기꺼이 마음의 문을 열어준 학생들에게 왜 우리가 고전을 배워야 하는지, 왜 우리가 수백 년이나 지난 작품을 읽어야 하는지를 얘기해주고 싶었다.

"이렇게 같은 시대를 살고 있지만, 우리는 서로 다른 폭격을 맞으며 살아가고 있어. 도망치고 싶지만 도망칠 수 없는 현실 속에서 말이지. 그런데 얘들아, 아주 오래 전에 살았던 사람들도 그런 힘든 현실을 마주한 적이 있었겠지? 누가 언제 창작했는지는 모르지만 교과서에 늘 실리는 작품이 하나 있는데, 바로 〈청산별곡〉이야. 고려 시대 말, 나라가 망해가던 이 시기는 수많은 사람에게 정말 괴로운 시간이었을 거야. 그래서 어떤 이들은 그 고통에서 벗어나기 위해 길을 떠났지. 과연 이들은 꿈꾸던 이상향을 찾을 수 있었을까? 그리고 행복해졌을까? 이제 고려인의 이야기를 들어보도록 하자."

'돌'의 운명, 우리는 어떻게 운명을 견디고 연대할 수 있을까?

대개 〈청산별곡〉을 강의식으로 수업하면 2차시 정도면 된다. 그러나 이번 수업처럼 '감정'으로 마음을 열면서 과거의 '나'에게 편지 쓰기(30분), 가자 지구와 관련된 기사 읽기(10분), 본격적으로 〈청산별곡〉 수업에 들어가기 전에 학습지 질문을 바탕으로 작품을 해석해보고 모둠별 토론하기(20분), 그리고 마지막으로 〈가자 모놀로그〉의 인물 중 한 사람에게 '연대'의 편지 쓰기(30분) 활동을 추가하면 대략 4차시 수업으로 구성할 수 있다.

〈청산별곡〉 본문 수업은 평이하게 진행했다. 다만 예전 수업과 다른 점은 '왜 화자는 청산과 바다를 찾아 나설 수밖에 없었는가?'라는 질문에 초점을 맞추었다는 점이다. 속세가 정말 싫고 환멸이 가득했다면 '물 아래 가던 새'를 볼 이유가 있었을까? 이상향이라 생각한 '청산'에서 맞이한 지독하게 외로웠던 '밤', 나를 찾아올 사람도 없고 나를 떠날 사람조차 없는 절대적인 고독을 마주했을 때, 화자는 고통에서 벗어나기 위해 도망쳤으나 결국 벗어날 수 없음을 직감했을 것이라고 설명하며, 우리가 앞서 나누었던 이야기를 다시금 상기시켰다. 그럼에도 이 밤을 견뎌낸 화자가 첫 번째 이상향인 '청산'에서 무너진 것은 바로 자신에게 날아온 '돌', 그깟 돌 하나 때문이었다. 화자는 누가 던졌는지, 왜 던졌는지도 모를 그 돌에 맞아서 결국 울고 만다.

학생들에게 만약 우리 반 영민이가 선생님에게 돌을 던졌다면 어떻게 되었을지 물었다. 학생들은 와르르 웃음을 쏟아내며, 아마 영민이는 정말 크게 혼날 거라고 이구동성으로 대답했다.

"맞아. 선생님은 영민이를 아주 크게 혼내겠지. 왜냐하면 누가 돌을 던졌는지 아니까, 나를 아프게 한 영민이에게 화도 내고 원망할 수도 있을 거야. 누가 그랬는지 아는 것만으로도 우리에겐 미워할 대상도, 명분도 생기지. 그런데 너희가 길을 가다가 누가 던졌는지 모를 돌에 맞았다고 상상해봐. 어떤 감정이 들까? 그래, 화도 나고 또 억울하겠지. 그런데 왜 〈청산별곡〉의 화자는 화를 내거나 원망하기보다는 슬퍼하고 우는 것일까? 여기서 '돌'은 바로 화자가 온전히 받아들여야 하는 아픈 운명이라는 걸 알고 있기 때문일 거야. 화자 곁에는 찾아오는 사람도, 떠나갈 사람조차 없어. 그러니 사랑할 이도, 미워할 이도 없이 그저 자신에게 주어진 아픔을 홀로 견뎌야 하는 상황인 거지. 선생님이 전에, 내가 잘못하지 않았는데도 불구하고 세상이 나를 공격해 올 때가 있다고 했던 말 기억하니? 세상은 이따금 아무 이유 없이 내 삶을 무너뜨릴 때가 있어. 살다 보면 내 의지나 행동과는 무관하게, 나의 바깥에서 돌이 날아와 나를 때릴 때가 있는 거야. 우리는 이것을 '운명'이라고 칭하기로 한 것 같아. 이 작품에서 화자가 돌에 맞고 화를 내거나 소리 지르기를 택하지 않고 울기를 선택한 까닭은, 그 아픔은 피할 수 없고 온전히 견뎌야 하는 것임을 알고 있기 때문이야. 그걸 우리는 문학적으로 '운명적 체념'이라고 해."

 학생들에게 '운명'이란 것은 이해하기 어려운 추상적인 개념이다. 그럼에도 어렴풋이나마 '돌'이라는 운명을 이해할 수 있었던 것은 자신의 아픔을 되돌아보는 시간이 있었기 때문이다. 학생들에게도 저마다의 '돌'이 존재했기 때문이다. 학생의 경험이 가장 큰 비계가 될 것이라는 김병섭 선생님의 말이 다시금 떠올랐다. 아이들의 경험이 가장 큰 비계가 될 것이다. 그렇기에 우리는 마음으로 문학을 열어야 하는 것이다.

뜨겁지 않고 서늘한
연대의 온도

작품에 관한 수업이 끝난 뒤, 우리는 '폭격'으로부터 누군가를 지킬 '연대'를 실천해야 했다. 학생들에게 〈가자 모놀로그〉의 한국어 번역본*을 제공하고 묵독으로 읽게 했다. 그리고 자신의 마음에 가장 와닿은 글쓴이에게 편지를 쓰도록 했다. 어떤 학생은 슬픈 이야기가 마음에 와닿았을 것이고, 또 어떤 학생은 괴로운 상황 속에서도 의지를 밝힌 이야기가 와닿았을 것이다. 대개 폭격 속에 있는 청소년들을 떠올리라고 하면 괴롭고 희망을 잃은 무력한 모습을 떠올리지만, 〈가자 모놀로그〉

---

* https://www.gazamonologues.com/_files/ugd/07c7f7_7940a70aefc84a2192a70dee943f0383.pdf

를 읽어보면 청소년들은 그 속에서도 자신의 삶을 씩씩하게 이끌어가고 있다는 사실을 마주할 수 있다. 학생들도 자신의 고정관념과는 달리 가자 지구 청소년들이 자신의 꿈을 이루고 싶다는 포부를 밝히는 글들이 인상 깊었는지 그 꿈을 응원하는 글이 많았다.

편지 쓰기를 마친 뒤, 교탁 위의 불만 켜놓은 채 모든 불을 끄고 낭독 시간을 가졌다. 나는 여름 연수 때 담담하게 읽어 내려갔던 한 아이의 이야기를 낭독했다. 낭독이 낯선 학생들은 이런 진중한 분위기를 좀 어색해하기도 했지만 이내 집중하며 잘 들어주었다.

내 이름은 아슈라프 소시. 1994년생, 웨흐다 대로에 살고 있습니다.
동네 아이들 모두 형을 좋아했어요. 그는 산들바람보다도 차분했고, 아버지에게 받은 용돈을 제게 건네주곤 했어요.
다들 형을 사랑했어요. 친구들이 찾아오면 형은 친구들과 같이 학교에 갔어요. 세상이 그들을 위해 만들어진 것처럼, 나비 떼처럼 다 같이 땅을 날아오를 듯 내달렸죠.
이스라엘 비행기가 날아다니고 있었어요. 헬리콥터 소리가 먹잇감을 덮치려는 괴물 같았어요.

현상 수배된 사람들이 모는 차량이 야르무크 거리를 달리고
있었고, 나비들이 그 차 근처에 다가갔어요. 나비들은 그 차가
자신들을 태워버릴 불이 될 줄 전혀 몰랐죠.

로켓탄이 차에 떨어졌어요. 타레크 형의 몸이 공중으로 5미터
치솟았어요. 차보다도 더 높이 솟았다가 내려오더니 멀쩡히
걸었어요. 다친 데가 없었죠. 구급차가 와서 시신들을 싣고
갔어요. 사람들이 형보고도 구급차에 타라 했지만, 형은 "저는
다친 데가 없어요" 말하고는 다시 학교로 향했어요.

그렇게 100미터쯤 걸어가던 형이 가슴에 손을 얹고 순교자처럼
쓰러졌어요. 저는 길에서 학교 버스를 기다리고 있었는데,
제 여자형제가 가서 무슨 일인지 알아보라고 했어요. 그래서
가까이 가봤지만 형이 보이질 않아 그냥 학교에 갔어요
수업을 듣고 있는데 삼촌들이 찾아와 오늘부터 학교를 사흘 쉬게
될 거라고 말했어요. 저는 아무런 의심 없이 차에 탔는데, 삼촌이
기사에게 뉴스를 끄라고 했어요. 저는 이상하다는 생각을 하기
시작했어요. 삼촌은 뉴스를 좋아하시거든요. 집에 도착하니까
주변에 사람들이 많이 모여 있었어요. 집으로 들어가기 전에,
아버지가 의자에 앉아 울고 있는 걸 봤어요. 아버지가 우는
건 그날 처음 봤어요. 아버지는 형 사진을 들고 계셨죠. 저는
물었어요.

"아버지, 형이 순교했어요?"

아버지가 말했어요.

"신이여, 그의 영혼에 자비를 베푸소서."

구급차가 타레크 형을 병원에서 데려왔고, 우리 모두 작별

인사를 하러 달려갔어요. 형은 그날 들고 나갔던 책을 손에 쥐고

천사처럼 잠들어 있었어요.

아버지는 우리가 묘지에 같이 가는 걸 만류하셨지만, 저는

기어이 차에 탔어요. 묘지에 가서 형에게 작별 인사를 하고 무덤

앞에서 파티하 기도문을 읽었어요…. 석 달 동안 매일같이 그

무덤 앞에 찾아가 형에게 말을 걸었어요.

밤이 되면 저는 방에 있는 형 사진을 봐요. 사진에 '영웅-순교자

타레크'라고 쓰여 있어요. 형이 순교한 뒤로 저는 침대에서

혼자 자는 것에 익숙해졌어요. 전에는 한 침대에서 발을 서로의

머리맡에 두고 잤거든요. 어떨 땐 팔다리가 다 엉킨 것도

같았어요. 그런데 이제 저는 침대 하나를 혼자 다 쓰죠.

형을 절대 잊지 않을 거예요.

이어서 나의 답장 글을 낭독했다.

1993년생, 성남에 사는 김윤형이 아슈라프 소시에게

홀로 자는 것이 익숙해진 네게 내가 어떤 말을 할 수 있을지 고민해보았지만, 나는 어떤 말도 할 수 없었어. 넓어진 침대만큼 공허할 네 마음이 다시 채워질 수 있도록, 나는 멀리 대한민국에서 이 고통을 전하는 역할을 하고자 해. 그 공허한 마음에 감히 공감할 수 없지만, 네가 형을 절대 잊지 않겠다고 이야기한 것처럼 나도 너희의 이야기를 절대 잊지 않을 거야. 너의 밤이 따뜻하고 평화롭기를.

담담하게 그러나 진지한 태도로 답장까지 모두 낭독을 마치니, 이렇게 조용했던 적이 있었나 싶을 정도로 교실 분위기는 무거워졌다. 이어서 서너 명의 학생이 〈가자 모놀로그〉에서 자신이 고른 글 한 편과 답장을 낭독했다.

모든 낭독이 끝나고, 앞에 앉은 준혁이는 뚱한 표정으로 나를 쳐다보고 있었다. 준혁이는 학년에서 제일가는 장난꾸러기이자 미운 귀염둥이다. 준혁이는 이 활동을 하며 어떤 생각을 했을까?

"준혁아, 편지를 쓰는 마음이 어땠어?"

"불편했어요."

"뭐가 준혁이의 마음을 불편하게 했을까?"

"그냥 글을 읽고 슬펐는데, 답장에 쓸 말이 안 나왔어요. 그냥 솔직히 무슨 말을 해야 할지 모르겠어요. 슬펐다는 말도 안 어울리고, 괜찮냐고 묻는 것도 이상해요. 불난 데 부채질하는 것도 아니고…."

"음, 왜 그런 말이 어울리지 않는다고 생각했어? 준혁이뿐만 아니라 많은 친구들이 이 글을 읽으면서 마음 한켠이 불편했을 거 같아. 왜 우리는 이 글을 읽는 게 불편하고 힘든 걸까?"

"우리는 안전한 곳에 있으니까요."

항상 까불까불하고 수업 시간에 떠들어서 혼날 때면 입을 삐죽이던 준혁이가 서툰 어휘로 진심을 토해낸 것이 놀라웠다. 앞선 수업에서 상당수 학생들이 가자 지구 청소년들에 대해 불쌍하다, 또는 현재 자신의 삶에 감사하다고 대답하여 나는 한편으로 당혹스러웠다. 타인의 고통을 타자화하는 감상을 들으며 아직 학생들에게는 연대하는 힘이 부족한 것일까, 아니면 나의 수업이 아직 덜 준비된 것일까, 연대란 무엇인지를 먼저 설명했어야 했나 싶어 짙은 패배감에 휩싸이기도 했다. 그런데 준혁이의 말을 들으며 문득 학생들의 표정을 떠올려보니, 학생들은 정말 다행이라는 표정으로 평온하게 대답한 게 아니었다. 어쩌면 우리는 불편하다는 감정이 낯설 수 있겠다는 생각이 들었다. 학생들은 자신이 느낀 감정에 대한 적

298

절한 표현을 찾지 못해 자신에게 익숙한 표현을 사용한 것이 있는데, 내가 그 마음을 제대로 읽어주지 못했던 게 아닐까. 엄기호 교수는 연극 연수에서 "연대는 뜨거운 게 아니라 서늘한 것"이라 했는데, 〈가자 모놀로그〉를 읽고 답장하는 학생들의 굳은 얼굴을 보며 연대의 서늘한 온도를 다시 깨달을 수 있었다.

우리는 이따금 어디서 날아온 것인지 알 수 없는 돌에 맞아 울기도 하고, 나만의 이상향을 찾아 떠나기도 한다. 이상향이라고 생각했던 곳에서 또다시 외로워지고 방황하며 고통을 견디는 우리는 이 고전문학 작품을 통해, 고통이 '나'의 밖에서 어떤 목적도 밝혀지지 않은 채 던져진 '돌'임을 깨닫는다. 과거 선조들의 노래를 들으며 위로를 받고, 그 힘으로 우리는 또 다른 고통받는 이들을 감싸안을 힘을 갖게 된다. 문학을 통해 여러 존재와 동질감을 공유할 수 있음을 경험하고 연습한 학생들은 이제 서늘한 온도로 타자와의 거리를 좁히고 연대할 수 있는 사람으로 자랄 것이다.

〈청산별곡〉을 함께 감상한 학생들에게. 너희의 삶에 주어지는 '돌'에 무너지지 말고 성장하길. 그리고 너희가 편지를 쓰며 느꼈을 그 불편함을 안고, 타인에게 던져지는 돌을 막아줄 천막이 되어주길.

2008년생, 경기도에 사는 지민이가 투파에게

전쟁으로 인해 하루하루 불안에 휩쓸려 살아가며 너의
학업에도 지장이 생길 정도로 공포감에 잠겼을 텐데, 하루빨리
해결되었으면 좋겠어. 한순간에 친구를 잃은 것에 대해
받아들이기 힘들겠지만, 그 친구는 계속 너의 곁에 있을 거야.
무조건 이별을 받아들일 필요는 없으니까 앞으로도 건강한
모습으로 잘 헤쳐 나가며 눈물 없는 삶을 지내기를 바래.

2008년생, 용인에 사는 현수가 아흐마드에게

안녕하세요, 저는 현재 먼 한국에서 살고 있는 김현수라고
합니다. 편지를 읽어보았는데, 현재 가자 지구의 상황이 별로
좋지 못하다고 느꼈어요. 모두가 힘든 상황에선 생존을 위해
자신만을 생각하는 이기적인 생각이 들 수 있다고 생각해요.
논리가 통하지 않고, 세계가 자신의 국가를 공격하며 빈곤이
가득한 곳에서 비극을 멈출 수 있는 방법은 찾기 어렵겠지만,
먼 이곳에 어떤 사람들이 당신을 위로해주고 걱정해주는 사람들
또한 있다는 것을 항상 생각해주셨으면 좋겠습니다. 희망이
가자에도 오기를 바랄게요.

2009년생, 성남에 사는 준성이가 아흐마드에게

안녕, 아흐마드. 나와 대한민국의 학생들은 어느 순간부터
도망치는 것, 포기하는 것을 죄로 여기며, 도망쳐서는 안 된다고
배우며 자랐어. 그러나 요즘은 도망이라는 것은 자연 속 생존의
지혜로, 생명을 지키기 위한 가장 간절하고도 당연한 몸짓이라는
생각을 갖게 되었어. 스스로의 의지가 아닌, 전쟁과 폭격이라는
타의로 인하여 도망칠 권리조차 허락되지 않은 너희의 삶을
보며 그 고통의 크기를 쉽사리 헤아릴 수가 없어. 언젠가 네가
더 이상 숨이 막히지 않는 넓은 세상으로, 죄책감 없이 자유롭게
나아갈 수 있는 날이 왔으면 좋겠어. 그때까지 내가 너의 이름을
기억할게.

사랑/연대

윤흥길

06

나는
어떤 이웃을
사랑하는가?

〈아홉 켤레의 구두로 남은 사내〉
윤흥길

지난 한 해 동안 '감정으로 시작하는 문학 수업'을 여러 작품에 적용해보았다. 〈제망매가〉를 감상할 때는 '남겨진 이들의 자세'를 영화 〈타이타닉〉〈시간을 달리는 소녀〉와 연결해 수업했고, 〈가시리〉와 〈서경별곡〉을 감상할 때는 '이별에 대처하는 자세'를 학생들의 경험과 공유하며 수업했다. 이제 어떤 작품이 오더라도 걱정되지 않는다며 자신감이 충만해졌을 때, 윤흥길 작가의 단편소설 〈아홉 켤레의 구두로 남은 사내〉(이하 〈아홉 켤레…〉)를 만났다.

종종 다른 국어 선생님들과 수업 실패 사례를 나누곤 하는데, 이 작품은 특히 많이 언급되는 편이다. 그래서 교과서의 목차에서 이 작품을 본 순간, 그간 들어왔던 여러 풍문으로 인해 잔뜩 긴장하지 않을 수 없었다.

〈아홉 켤레…〉 수업이 두려운 까닭은 작품 속 '권 씨'에게 공감하지 못하는 학생들의 입장을 십분 이해하기 때문이다. 학창 시절에 이 작품을 읽을 때 나도 '권 씨'를 이해하지 못했다. 시대적 상황에 의해 중산층에서 도시 빈민으로 전락한 '권 씨'는 세 아이의 아버지로, 변변한 세간조차 없는 와중에도 광이 나도록 관리한 구두를 아홉 켤레나 가진 사내다. 공사장에서 일하면서도 양복과 구두를 고집하는 등 도시 빈민으로 전락한 자신을 못 견디는 그를 보며 못내 불편한 마음이 들었다. 《난장이가 쏘아올린 작은 공》의 주인공들과 비교하며 '권 씨'의 자존심이 이기적이라는 생각을 했다. '가난한 살림에 자기 자존심이 먼저라니, 가장답지 않아.'

그런데 15년이 지나 이제 학생들에게 〈아홉 켤레…〉를 가르쳐야 하는 상황이 되었다. 왜 이 작품은 1970년대의 대표작이 되어 학생들에게 읽히고 있는가? 교사는 이 작품을 통해 무엇을 가르칠 것인가? 이를 명확하게 세우지 않고 단지 1970년대라는 시대상에만 얽매이면 안 될 것 같다는 생각이 들었다. 학생들이 '권 씨'를 이해하려면 어떤 비계가 필요할까?

키워드를 중심으로 작품 읽기

여러분에게는 내가 나일 수 있게 하는 자존감의 근원이 있나요? 그것이 왜 나의 자존감의 원천이 되는지 생각해봅시다. 누군가 나의 자존감을 무너뜨리는 말을 한 적이 있나요? 혹은 나 홀로 무너진 적이 있나요? 나는 그 상황에서 어떻게 행동했는지 생각하며 경험을 나누어봅시다.

만약 지금 다시 〈아홉 켤레…〉를 가르친다면, 처음부터 '나는 어떤 사람을 사랑하는가?'라고 물으며 학생들의 마음을 열 것 같다. 그러나 당시 수업을 준비하는 과정에서는 작품에서 가장 상징성이 높은 소재인 '구두'에 초점을 맞추다 보니 '자존감(자존심)'을 키워드로 첫 활동을 진행했다.

구두는 '권 씨'가 대학까지 나온 중산층 지식인이었음을 드러내는 소재이자 그의 자부심을 상징하는 것이다. 이 작품의 시대적·경제적 상황은 우리 학교가 위치한 분당과는 다소 거리감이 있었다. 그래서 학생들과 작품에 대한 공감대를 형성하기 위해서는 먼저 인물이 느낄 법한 감정을 연결해야 한다고 생각했다. 모든 것이 무너진 상황에서도 나를 버티게 하는 것은 나의 마지막 남은 자존심이 아닐까? 자존감이 무너지는 경험은 우리가 살면서 언제든 마주할 수 있는 경험이다. 그렇기에 학생들과 함께 자존감에 관한 경험을 나누고, 사람에게 자존감은 내가 나로서 존재할 수 있게 하는 감정임을 깨닫게 하고 싶었다.

또한 '권 씨'가 이사 오는 날과 마지막 장면만 담겨 있는 교과서 지문이 아닌 전문을 읽혀야겠다고 생각했다. 교과서 지문만 읽을 경우, '권 씨'는 가난하면서 자기 고집만 센 인물로밖에 보이지 않기 때문이다. 교과서 외의 지문을 수업에서 다루는 것은 언제나 용기가 필요하다. 그래서 동료 교사들과 함께 작품을 읽고 해석을 공유하며 서로의 의견을 검토하는 과정이 내게는 큰 기반이 되어준다. 2년째 이어오는 '교과서 문학 톺아보기' 모임에서 〈아홉 켤레…〉를 읽고 작품의 상징적 장면과 소재에 관해 이야기를 나누었고, 이를 정리해서 학습지의 주요 키워드를 선정했다.

첫 번째 키워드는 '구두', 두 번째 키워드는 '찰스 램과 찰스 디킨스', 마지막 키워드는 '나체화'였다. 학습지에는 해당 키워드에 대한 질문과 함께 그와 연관된 지문들을 발췌해 담았다. 지난 겨울 전국국어교사모임 연수에서 김영희 선생님이 들려준 이야기가 큰 도움이 되었다. 학급에는 능숙하지 않은 독자들이 늘 있기에, 키워드만 제공할 경우 책 대화가 원활하게 이루어지지 않을 수 있다는 것. 그래서 학습지의 질문에 답할 수 있는 내용을 발췌해 지문으로 정리했다.

두 차시 동안 학생들은 소설 전문을 읽으며 학습지의 질문에 개별적으로 답을 적고, 세 차시 동안 모둠별로 각 키워드에 관한 답을 찾아가면서 모둠 간 공유하는 시간을 가질 수 있도록 수업을 구성했다.

우리는 '권 씨'를 사랑할 수 있을까?

본격적으로 소설 수업이 시작되었다. 소설 전문을 읽은 학생들의 표정이 떨떠름했다.

"선생님, '권 씨' 너무 무책임한 거 아녜요? 방금 아기 낳은 아내는 어떻게 하고 사라진 거예요? '권 씨' 안 돌아와요?"

"선생님! 근데 '권 씨'는 자기연민이 너무 심한 거 같아요. 급발진이 너무 많아요. 무서워요!"

학생들의 반응은 학창 시절 나의 반응과 비슷했다. 그래서 '그렇게 느낄 수 있다'며 일단 호응해주고, '자존감'을 중심으로 학생들의 감정을 두드려보았다. 그리고 본격적으로 질문에 대해 답하기 전에 작품 속 배경인 '광주 대단지'가 현재 우리

학교가 위치해 있는 성남시임을 밝혔다.

"얘들아, 〈아홉 켤레…〉에서는 현실에 적응하지 못하고 변두리 인생으로 전락한 '권 씨'의 모습을 '나(오 선생)'의 시점으로 보여주고 있어. 1971년 정부의 무계획적인 도시 정책과 졸속 행정에 반발해 일어난 '광주 대단지 사건'은 바로 성남시가 만들어지는 과정에서 발생한 사건이야. 작품을 다시 읽기 전에 한번 읽어보면 도움이 될 것 같아서 '8·10 성남(광주대단지) 민권운동'에 관한 자료를 첨부해두었어. 작품의 시작 부분에서 '이 순경'이 '오 선생'에게 말하잖아. 자신은 경찰관의 입장을 떠나서 한 사람의 인간으로서 '권 씨'를 사랑한다고, 그리고 당신도 곧 그렇게 될 거라고. 아직 너희의 반응은 '오 선생'이 처음 '권 씨'를 마주했을 때 같지는 않지만, 우리가 다시 한번 작품을 읽어보면 과연 '권 씨'를 인간적으로 사랑하게 될까? 아니면 여전히 '권 씨'를 이해하지 못한 채로 남겨두게 될까?"

1. 작품의 제목에도 나와 있는 '구두'는 작품 내에서 굉장히 중요한 소재로 다뤄지고 있습니다. '구두'와 정장을 착용하고 일용직 노동을 하는 '권 씨'는 어떤 삶을 살아온 것일까요? 대학까지 나온 '권 씨'는 왜 이렇게 전과자가 되어 일용직 노동을 전전하고 있는 것일까요?

시대적 배경과 함께 (다음 발췌 지문을) 읽어봅시다.

학생들은 저마다의 속도로 학습지 지문을 읽으며 키워드에 동그라미를 치기도 하고, 또는 질문과 연관된다고 생각하는 지점들을 작품에서 따로 찾아 메모하며 자신만의 답을 하고 모둠원들과 의견을 공유했다.

"나는 구두가 상징하는 바는 '권 씨'의 허영심인 거 같아. 자기가 과거에 출판사에서도 일하고 대학도 나왔다는 걸 계속 강조하는 걸 보면, '권 씨'는 타인에게 보이는 이미지를 중요하게 여기는 거 아닐까?"

"난 자존심과 관련된 거 같아. 허영심을 드러내는 것과 자존심을 지키는 건 전혀 다른 거야. 사실 '권 씨'가 이렇게 가난하게 된 까닭은 나라가 졸속 행정을 보였기 때문이잖아. 이 지점을 보면, 시대의 흐름에 엉켜 빈민이 된 마당에 '내가 과거에 공부했던 사람이다'라고 내세우는 건 그것만이 지금 '권 씨'를 버티게 해주는 심리적 장치였기 때문이라고 생각해."

모둠 사이를 돌아다니며 학생들이 감상과 해석에 어려움을 겪고 있는 경우, 어떤 식으로 해석했는지 묻고 그에 대한 다른 모둠원의 의견을 듣게 함으로써 모둠 내에서 오독을 정리할 수 있도록 물꼬를 터주었다. 학생들에게 질문을 던져 학생들이 스스로 이해할 수 있기를 바랐다.

학생들 대부분은 구두가 '자존심'을 상징한다고 해석했으나, 각 모둠만의 특별한 해석이 곁들여진 답변도 눈에 띄었다. 한 모둠에서는 '지식인으로 남고 싶은 마지막 자존심'이라고 정의하는가 하면, 다른 모둠에서는 '과거의 자신을 증명하고, 현재의 초라한 모습을 가려줄 수 있는 도구'로 정의하기도 했다. 어떤 모둠은 '권 씨'에게 구두는 마치 얼굴처럼 밖으로 드러나 보이는 신체라고도 볼 수 있다고 주장했다.

그래서 당신은 어떤 이웃을 사랑하는가

2. 작품의 시작에는 '이 순경'이 등장합니다. '이 순경'은 '오 선생'에게, 당신도 '권 씨'를 사랑하게 될 것이라 말합니다. '오 선생'이 단대리 사람들을 사랑하지 못하며 떠올렸던 '찰스 램'과 '찰스 디킨스'는 어떤 존재들일까요? '오 선생'은 어떻게 '권 씨'를 사랑하게 되고, 택시를 타고 광주를 벗어나려던 '권 씨'는 어떻게 이웃들과 함께 투쟁하게 된 것일까요? 또, '나체'라는 키워드를 중심으로 다시 읽어봅시다. '나체'란 무엇을 의미하는 것일까요? 이웃을 사랑하는 행위란

무엇일까요? '오 선생'이 고뇌할 때 등장하는 '찰스 디킨스'와 '찰스 램'이 상징하는 바는 무엇일까요?

두 번째 질문을 수업하면서, 왜 이 작품이 교과서에 실려서 많은 청소년에게 읽혀야 하는 것인지에 대한 답을 찾을 수 있었다. 수업을 준비할 때만 해도 주인공 '권 씨'에 집중하느라 주의 깊게 보지 못했던 '이 순경'과 '오 선생'이 눈에 들어왔다. 작가가 소설에서 등장인물을 설정할 때 단순하게 소비하는 인물은 없다. 그렇다면 '권 씨'의 등장과 퇴장에 등장하는 '이 순경'은 어떤 사람인가? '권 씨'를 사랑하는 사람이다. 여기서 내가 지금까지 놓치고 있던 감정을 발견할 수 있었다. 바로 '사랑'이다.

〈아홉 켤레…〉는 소외된 사람들을 사랑하지 않았던 소시민들이 점차 그들을 사랑하게 되고 변화하는 과정을 담고 있다. 그 스펙트럼은 '이 순경'에서 '오 선생'으로 이어진 후, '권 씨'로 마무리된다. 광주 대단지로 이사 온 후에도 자신은 이곳 사람이 아니며 서울 사람이라 주장하던 '권 씨'가 어떻게 민권운동의 선봉에 서게 되었을까? 그는 전매 입주자들에 의해 얼떨결에 대책위원을 맡게 되었으나 단 한 번도 회의에 참여하지 않고, 시위 당일에도 택시를 타고 출근하려다가 붙잡혀 강제로 내리게 된 사람이다. 그러던 '권 씨'가 어쩌다가 버스 꼭대기에도 올라가고, 각목을 휘두르는 인물이 되었을까? 또, 가난한 단대리 사람들을 사랑해야 한다고 생각하지만 결국 그들을 피해 그곳을 떠나온 '오 선생'은 어떻게 하여 사랑하지 않을 것이라 단언하던 '권 씨'를 사랑하게 되고, 그를 위해 수술비 10만 원을 내주게 되었을까?

두 인물의 태도가 변화하게 된 이유는 자신이 외면하던 대상의 '나체'를 보았을 때다. 나체, 아무것도 걸치지 않은 몸. 학생들은 '나체화'라는 단어가 광주 대단지 사람들이 시위 중 참외를 먹는 장면에서 등장하는 것이 이해하기 어렵다고 투덜거렸다. 그렇게 중요한 시위 중인데 참외가 떨어져 있다고 먹는 게 이해되지 않는다는 학생들에게, 네이버 뉴스 라이브러리로 '8·10 성남(광주대단지) 민권운동'에 관한 기사와 사진을 더 찾아보라고 했다.

학생들은 과거의 종이 신문 그대로를 웹상에 구현한 데이터베이스에서 1971년 7월부터 8월까지 '광주'라는 키워드로 기사를 검색했다. 당시 정부가 서울의 빈민가와 판자촌을 허물고 그곳에서 쫓겨난 사람들을 아무것도 없는 진흙땅으로 몰아낸 것, 제대로 된 수도 시설도 없어서 오염된 물로 음식을 만들다 식중독에 걸리고, 먹을 것과 땔감이 없어 인근 산의 나무를 불법으로 벌목하며 간신히 생활을 영위하면서도, 아파트를 지어준다는 정부의 약속을 철석같이 믿고 하염없이 견디던 당시 광주의 이야기가 생생하게 드러났다. 그 사진과 기사들을 읽어 내려가며 학생들은 왜 그들이 그렇게 처절할 수밖에 없었는지를 깨달은 느낌이었다. 아이들은 어쩌면, 자신들이 발 딛고 살아가는 이 공간의 나체를 본 셈이었다.

수업을 진행하면서 비로소 깨달은 게 있다. 〈아홉 켤레…〉가 전하고자 하는 메시지는 결국 '권 씨'가 아니라 '오 선생'이었고, 그렇기에 다른 연작 소설들과 달리 서술자를 '오 선생'으로 두었던 것이다. 학생들은 '오 선생'이 단대리에서 겪은 일을 읽으며, '찰스 램'은 '되고 싶은 나', '찰스 디킨스'는 '현실의 나'라는 것을 이해했다. 하지만 '오 선생'의 아들 '동준'이 고의로 과자를 떨어뜨리고 이를 고물장수 아들이 주워 먹게 하는 장면에서, 왜 '오 선생'이 '동준'이 아닌 고물장수 아들의 뺨을 때리고 싶어 하는지 이해가 되지 않는다고 했다. 자기 아들이 잘못했는데 왜 '오 선생'은 단대리 사람들을 탓하며 그곳을 떠난 것인지, 그 사건이 왜 단대리를 떠나게 된 가장 결정적인 계기인 것인지 모르겠다며 질문했다. 나는 학생들에게 이렇게 대답했다.

"'오 선생'은 지식인으로서 '빈자는 절대로 미워해서는 안 되는 대상'이라고 말하는 사람이거든. 그래서 그 가난한 동네에서 아내가 투덜거릴 때마다 짐짓 화내지 말라고 얘기하는 것도 그런 까닭이겠지. 그런데 사실 알고 있었어. 자신이 말로는 빈자를 걱정하고 정부의 시혜가 빈민에게 돌아가지 않는 사회를 개탄할 수는 있지만, 기껏해야 술자리에서 껌팔이 아이들에게 껌 하나 사주지 않는 사람이며, 타인의 고통보다는 자가용을 굴리며 편안한 자신의 삶을 우선시하는 사람이라는 것을. 그런 자신을 잘 알고 있어서 매번 꿈에서 자신이 좇고자 하는 '램'의 궁둥이를 걷어차는 것일 수도 있겠지. 그런데 자신의 아들 '동준'이 가난한 동네에서는 드물게 과자를 사 먹을 수 있는 집안의 자식이었기에, 그곳이 아니었더라면 얻을 수 없었을 힘을 가지게 된 거야. 결국 그 힘은 '동준'이 그릇된 행동을 할 수 있게 만들어주는 기반인 거지. '오 선생'은 당연히 알고 있었겠지. 자기 아들의 잘못이라는 것을. 그렇지만 그런 행동이 드러나도록 만든 환경을 원망하는 것이 더 편했을 거야. 내 아들이 선하지 않다는 것보단, 내 아들이 이런 행동을 할 수밖에 없는 환경에 놓여 있다고 믿는 게 더 받아들이기 쉬우니까. 즉 단대리 사람들을 미워하는 편이 훨씬 쉽다는 걸 깨달은 것이지. 그래서 '오 선생'의 마음속에는 계속 단대리 사람들이 마음의 짐처럼, 죄책감으로 남아 있는 게 아닐까?"

이후 모둠별로 나눈 책 대화를 정리해 발표하는 시간을 가졌다. 많은 학생이 '나체화'를 '인간의 본성이 드러난 장면'이라 해석했다. 그래서 학생들에게 다시 질문했다. 과연 '나체'가 인간의 본성만을 의미하는 것일까? 그렇다면 '오 선생'이 '권 씨'의 나체를 보았다고 하는 장면에서는 어떤 본성이 드러난 것인지 물었다. 학생들은 마지막 장면을 다시 읽으며 무엇인가를 놓치고 있다고 생각한 것 같았다. 한 학생이 손을 들고, '들키고 싶지 않은 모습'으로 해석해도 될지 물었다.

"그렇게도 해석할 수 있겠다. 우선 선생님도 질문을 하나 해볼게요. 여러분이 공중목욕탕에 들어갔을 때, 누가 부자이고 누가 빈자인지 알 수 있나요? 뭔가, 얼마 이상의 자산을 가진 사람의 몸에는 금테가 둘러져 있다든가, 그런가요?"

학생들은 웃으며 아니라고 대답했다.

"나체란 그런 것 같아요. 결국 아무리 대단한 부자도 나체로 마주했을 때는 빈자와 다른 점을 발견할 수 없습니다. 사람들이 참외를 먹는 장면을 보면서 '권 씨'는 광주 대단지 사람들의 살고자 하는 강한 본능을 느꼈겠죠. 그때까지 '권 씨'는 자신과 그들이 다른 사람이라고 생각했을 겁니다. '권 씨'는 어엿하게 대학도 나왔고, 서울에 있는 출판사에 다녔던 지식인이거든요. 그러니까 누군가에게는 생존이었던 투쟁보다 자신의 출근이 더 중요했던 것이죠. 그렇지만 시위 도중 땅바닥에 떨어진 참외, 영양분도 없이 수분으로 가득한, 겨우 배만 채울 수 있는 과일인 참외를 보고 달려들어 우걱우걱 먹는 모습이 충격적으로 다가오면서, 생존을 위해 사는 모습이 결국 자신과 다르지 않다는 걸 깨달아요. 결국 '나체'라는 건 너와 내가 다르지 않다는 것, 즉 동질감을 의미하는 것이죠.

'오 선생'의 경우도 마찬가지입니다. '오 선생'은 그 자존심 센 '권 씨'가 자존심마저 버리고 아내의 수술비 10만 원을 빌리러 왔을 때, 선뜻 빌려주지 못합니다. 가난한 그에게 돈을 빌려주었다가는 돌려받지 못할 거라고 이해타산적으로 생각한 거죠. 대신 자신이 의사에게 잘 말해주겠다고 합니다. 이 역시도 전형적으로 소시민적인 모습이에요. 외면하지는 못하겠지만 책임은 피하고 싶은. 여전히 '오 선생'은 램과 디킨스 사이의 괴리를 극복하지 못한 것입니다. 그렇게 돈을 빌리지 못한 '권 씨'가 떠나면서 자신이 대학 나온 이야기를 한 번 더 합니다. 이는 매번 '권 씨'가 자신의 자존심을 지키기 위해 한 이야기였는데, 여기서도 같은 맥락일까요? 당시 대학을 졸업한 사람이 많지 않았던 상황에서, 여기서는 두 사람의 공통점으로 등장하는 것입니다. 중산층에서 빈민으로 전락한 '권 씨'가 '오 선생'에게, 자신도 처음부터 빈민의 삶을 살지는 않았음을 드러냄으로써, 빠르게 변화하는 시대의 흐름 속에서 누구나 소외될 수 있음을 깨닫게 하는 문장으로 작용합니다. 즉 누구나 '나체'는 동일하다는 메시지인 거죠. 결국 '권 씨'의 마지막 자존감이 무너지는 것을 마주한(그래서 그의 나체를 보고만) '오 선생'은 어떻게든 10만 원을 마련하여 '권 씨' 아내의 수술을 돕게 되는 것이죠."

그래서 우리는
어떤 삶을 살 것인가

〈아홉 켤레…〉 수업을 준비하며 동교과 선생님과 가장 많이 나눈 대화는 '그래서 우리는 어떤 삶을 살고 있고, 아이들은 어떤 삶을 살아가게 될 것인가'에 관한 이야기였다. 어떻게 우리가 빈민을 도와줄 수 있을까 같은 해답 없는 질문이 아니라, 우리는 램의 삶을 살 것인가 디킨스의 삶을 살 것인가라는 근본적인 질문을 수업 중에도 끊임없이 물었다. 나 스스로에게도, 함께 작품을 읽어가는 학생들에게도.

우리는 모두 이상적인 나를 꿈꾼다. 소외된 사람들을 돕고 사랑하는 나. 그러나 이상은 현실과 멀다. 소외된 이를 불편해

317

하고, 외면하고, 어쩌면 아예 인식조차 하지 않고 살아가는 현실의 내가 존재한다. 그러나 '권 씨'는 결국 찰스 램과 같은 삶의 태도로 소외된 이들의 편에 선 인물이었다. 그렇기에 '이 순경'도 경찰임에도 불구하고 '권 씨'를 사랑한다고 이야기한 것이고, 단대리를 떠나왔던 '오 선생'도 결국 전과자이자 빈민인 '권 씨'를 사랑하게 된다. '권 씨'는 '오 선생'의 마음속에 잠들어 있던 찰스 램의 삶을 실천한 사람이며, 동시에 그가 지닌 두려움마저도 모두 가지고 있는 사람이기 때문이다.

'오 선생'의 변화는 이 작품을 읽고 또 읽으며 결국 '권 씨'를 사랑하게 된 독자들의 변화와 동일했다. 학생들도, 나도 작품을 처음 접했을 때는 '권 씨'의 태도를 이해하지 못했고 불편해하기까지 했다. 그러나 여러 차례 작품을 읽고 대화를 나누며 상징적인 소재와 장면들을 함께 감상하면서 우리는 인간 '권 씨'를 사랑하게 되었다.

작품은 묻는다. '너는 어떤 이웃을 사랑하느냐.' 우리는 '권 씨'와 같은 사람을 사랑하게 될 것이다. 내가 되고 싶은 모습을 행동으로 실천하는 사람, 타인에게서 동질감을 느끼고 타인을 '우리'라고 부를 수 있는 사람을 사랑하게 될 것이다. '권 씨'를 사랑하게 되어 그를 위해 행동하는 '이 순경'과 '오 선생'처럼, 우리는 타인을 타자화하지 않고 사랑하고 행동하게 될

318

것이다.

　수업이 끝나고 학생들은 왠지 고양된 듯한 표정이었다. 학군지에 속하는 학교인지라, 소설을 한 줄 한 줄 해석하지 않은 것이 혹시 불안하거나 불편하지는 않았는지 물어보았다. 학생들은 전반적인 흐름을 이해할 수 있었기 때문에 괜찮다고 답하며, 질문과 발췌 지문들을 통해 충분히 스스로 해석하고 공감할 수 있어서 좋았다고 얘기했다. 효주는 처음에 자기는 절대 '권 씨'를 사랑할 수 없을 것이라고 단언했으나, 지금은 '권 씨'를 사랑하게 되었고 동시에 그와 같은 사람이 되고 싶다고 말했다. 무엇보다 국어 시간에 문학작품을 친구들과 선생님과 함께 읽고 대화 나누고 해석하는 과정이 즐거웠다며, 국어국문학과 진학을 꿈꾸게 되었다는 포부를 밝혔다.

　〈청산별곡〉 수업에 이어 〈아홉 켤레의 구두로 남은 사내〉 수업에서도 소외된 이들을 언급하게 되었다. 이 두 수업에서 가장 기뻤던 점은, 소외된 이들을 다루는 것이 도구적으로 작용하지 않았다는 점이다. 이런 수업을 할 때 학생들이 잘 공감하지 못하고 오히려 타자화하거나 시혜적인 태도를 취하는 경우가 종종 있어 괴롭곤 했는데, 이들 수업에서는 모두가 정말 함께 슬퍼하고 함께 공감하는 모습을 보여주었다.

　　문학 수업의 가장 큰 기반은 '공감'이라 생각한다. 나와 네가 다르지 않다는 것. 네가 마주한 상황과 똑같지는 않더라도 네가 그 상황에서 느낀 감정을 나 역시 느껴본 적 있다는 것. 그 동질감이 결국 독자로 하여금 작품 속 인물과 '우리'를 엮는 매개로 기능한다는 것을 깨닫게 되었다.

　　처음 '감정으로 시작하는 문학 수업' 연수를 듣고 수업을 준비할 때는, 학생들이 이 작품에서 이러이러한 감정을 느꼈으면 좋겠다는 작은 바람으로 출발했다. 그러나 이제는 나 역시 이 작품에서 무엇을 느껴야 하는지 다시 생각해보게 된다. 수업을 통해 전하고 싶은 '자아성찰' '부끄러움' '연민' 등이 어떤 감정인지 다시 정의해보고, 이 작품이 왜 읽혀야만 하는지를 되묻게 만든다. 결코 사랑하지 못할 것 같았던 '권 씨'를 사랑하게 된 것처럼, 앞으로도 더 다양한 작품 속 인물을 사랑하기 위해 우리의 말랑말랑한 '감정'으로 문학을 열어보고자 한다.